KÖNIGS ERLÄUTERUNGEN

Band 368

CW00522588

Textanalyse und Interpretation zu

Friedrich Dürrenmatt

DIE PHYSIKER

Bernd Matzkowski

Alle erforderlichen Infos für Abitur, Matura, Klausur und Referat
plus Musteraufgaben mit Lösungsansätzen

Bange Verlag

Zitierte Ausgabe:
Friedrich Dürrenmatt: *Die Physiker. Eine Komödie in zwei Akten. Neufassung 1980.* Zürich: Diogenes, 1998 (detebe 23047; Werkausgabe in 37 Bänden, Bd. 7).

Über den Autor dieser Erläuterung:
Bernd Matzkowski ist 1952 geboren. Er ist verheiratet und hat vier Kinder. Lehrer am Heisenberg Gymnasium Gladbeck. Fächer: Deutsch, Sozialwissenschaften, Politik, Literatur/Theater. Ausbildungskoordinator.

Hinweis:
Die Rechtschreibung wurde der amtlichen Neuregelung angepasst. Zitate Dürrenmatts und Brechts müssen aufgrund von Einsprüchen in der alten Rechtschreibung beibehalten werden.

7. Auflage 2018
ISBN 978-3-8044-1921-6
PDF: 978-3-8044-5921-2, EPUB: 978-3-8044-6921-1
© 2000, 2010 by C. Bange Verlag, 96142 Hollfeld
Alle Rechte vorbehalten!
Titelbild: Aufführung *Die Physiker* in den Kammerspielen des Deutschen Theaters, Berlin 2005, © ullstein bild – Lieberenz
Druck und Weiterverarbeitung: Tiskárna Akcent, Vimperk

4. REZEPTIONSGESCHICHTE

5. MATERIALIEN

1. DAS WICHTIGSTE AUF EINEN BLICK – SCHNELLÜBERSICHT

Damit sich jeder Leser in unserem Band rasch zurechtfindet und das für ihn Interessanteste gleich entdeckt, hier eine Übersicht.

Im 2. Kapitel beschreiben wir **Friedrich Dürrenmatts Leben** und stellen den **zeitgeschichtlichen Hintergrund** dar:

⇨ S. 10 f.   → Friedrich Dürrenmatt lebte vom 5. Januar 1921 bis zum 14. Dezember 1990. Die meiste Zeit seines Lebens verbrachte er in Bern, Basel und Neuchâtel, wo er auch starb.

⇨ S. 13 f.   → Sein Drama kommt in einer Zeit auf die Bühne, als die Welt in zwei Blöcke gespalten ist, viele Menschen Angst vor einem neuen Krieg haben und die Menschheit in der Lage ist, sich durch die Atombombe selbst auszulöschen.

⇨ S. 15 f.   → Dürrenmatts Auffassung vom Theater entwickelt sich in der Auseinandersetzung mit dem „epischen Theater" Brechts; Dürrenmatt grenzt sich mit seinem Werk *Die Physiker* von Brecht ab.

⇨ S. 21 ff.   → Als Dürrenmatts Drama *Die Physiker* 1962 auf die Bühne kommt, ist er bereits ein bekannter und erfolgreicher Autor von Kriminalromanen und Theaterstücken. Mit seinem Drama *Der Besuch der alten Dame* (Uraufführung 1956) hat Dürrenmatt seinen bisher größten Theatererfolg feiern können. Wir gehen auf Verbindungen zwischen diesen beiden Dramen und anderen Werken Dürrenmatts ein.

Im 3. Kapitel bieten wir eine **Textanalyse und -interpretation**.

Die Physiker – Entstehung und Quellen:

Dürrenmatts Drama entsteht in unmittelbaren Zusammenhang mit   ⇨ S. 34 f.
Robert Jungks Sachbuch *Heller als tausend Sonnen. Das Schicksal
der Atomforscher* (1956), das Dürrenmatt rezensierte und in dem es
um die Atomphysik, den Weg zur Atombombe und die Forderung
geht, die Atomforschung einzustellen. Als literarisches Referenz-
werk kann außerdem *Das Leben des Galilei* (1939) von Bertolt
Brecht gelten.

Inhalt:

Dürrenmatts Drama spielt in einem Irrenhaus, in das sich der Phy-   ⇨ S. 43 ff.
siker Möbius zurückgezogen hat, um die Welt vor den Konsequenzen seiner Entdeckungen zu schützen, indem er diese als Werk
eines Irren ausgibt und sie geheim hält. Zwei seiner Mitinsassen
entpuppen sich als Geheimagenten verfeindeter Mächte und als
ebenso wenig irre wie Möbius. Möbius gelingt es, die beiden
Agenten davon zu überzeugen, mit ihm im Irrenhaus zu bleiben,
um die Welt zu retten. Sein Plan geht nicht auf, weil die Leiterin
des Sanatoriums sich als wahnsinnig herausstellt und bereits damit begonnen hat, seine Aufzeichnungen und Entdeckungen auszuwerten, um die Weltherrschaft an sich zu reißen. Die „schlimmstmögliche Wendung" (Dürrenmatt) ist damit eingetreten.

Chronologie und Schauplätze:

Das Drama wahrt die Einheit von Zeit, Ort und Handlung. Es spielt   ⇨ S. 56 ff.
im Salon des Sanatoriums, beginnt am Nachmittag und endet am
Abend desselben Tages. Die beiden Akte sind in etwa gleich lang,
der 1. Akt führt alle Hauptfiguren ein, am Ende des 2. Aktes steht
die „Katastrophe". Ein wesentliches Gestaltungsmittel des Aufbaus

sind Parallelen und Kontraste sowie Elemente des Grotesken und des Paradoxen. Das Drama beginnt als Kriminalspiel und entwickelt sich zum Problemdrama fort. Im 1. Akt stellt der „Psalm Salomos" einen Höhepunkt dar, im 2. Akt das Gespräch der Physiker über ihre Verantwortung, das zum gemeinsamen Entschluss führt, im Sanatorium zu bleiben.

Personen:

Die Hauptpersonen sind

⇨ S. 72 ff.
Möbius:
→ Genialer Physiker, der den Irren vortäuscht.
→ Er will die Welt retten, indem er seine Aufzeichnungen vernichtet und sich im Sanatorium isoliert.
→ Sein Plan scheitert, weil seine Aufzeichnungen Mathilde von Zahnd in die Hände fallen.
→ Er versagt persönlich, als er Schwester Monika ermordet, die seinen Plan gefährdet.

⇨ S. 76 ff.
Newton und Einstein:
→ Beide sind Physiker und Geheimagenten, die aber unterschiedlichen Systemen dienen.
→ Um ihre Pläne umzusetzen, werden beide zu Mördern.
→ Beide lassen sich letztlich von Möbius davon überzeugen, ihre Pläne nicht zu verfolgen, um gemeinsam die Welt zu retten.

⇨ S. 80 ff.
Mathilde von Zahnd:
→ Die Leiterin des Sanatoriums ist Spross einer bekannten Familie.
→ Sie gibt sich zunächst (1. Akt) als fürsorgliche Ärztin aus, erweist sich aber im 2. Akt als machthungrig und wahnsinnig.

→ Sie strebt die Weltherrschaft und die Eroberung des Weltraums an.

Wir stellen diese Hauptpersonen ausführlich vor und geben auch
Erläuterungen zu anderen Personen.

Stil und Sprache Dürrenmatts:

In Dürrenmatts Drama ist Sprache ein Mittel der Täuschung; man-   ⇨ S. 91 ff.
che Aussagen im 1. Akt erweisen sich im 2. Akt (vom Ende her
gesehen) als doppeldeutig. Dürrenmatt spielt in seinem Drama mit
physikalisch-technischen Begriffen, die teilweise einen naturwissenschaftlichen Inhalt nur vortäuschen. Die Sprache der Figuren
ist u. a. durch Ironie, Paradoxien, groteske Wendungen, Stilbrüche
und Wortspiele gekennzeichnet. Insgesamt ist die Sprache (von
einigen Ausnahmen abgesehen) eher einfach und schnörkellos.

Verschiedene Interpretationsansätze bieten sich an:

Auf folgende Deutungsansätze gehen wir näher ein: ⇨ S. 94 ff.
→ Die Rolle von Möbius als „guter Mensch",
→ die Bedeutung des Handlungsortes Irrenhaus,
→ das Scheitern von Möbius im Kontext der Form der Komödie.

2.1 Biografie

2. FRIEDRICH DÜRRENMATT: LEBEN UND WERK[1]

2.1 Biografie

Friedrich Dürrenmatt (1921–1990)
© Cinetext/
Barbara Koeppe

JAHR	ORT	EREIGNIS	ALTER
1921	Konolfingen (Kanton Bern)	Dürrenmatt wird am 5. Januar als einziger Sohn des protestantischen Pfarrers Reinhold Dürrenmatt und seiner Ehefrau Hulda (geb. Zimmermann) geboren.	
1935	Bern	Die Familie zieht nach Bern um; Dürrenmatt besucht zunächst das „Freie Gymnasium" und später das „Humboldtianum".	14
1941	Bern	Maturität (schwz. Hochschulreife); Dürrenmatt nimmt das Studium der Philosophie und der Literatur- und Naturwissenschaften auf (Zürich, Bern).	20
1943		Erste schriftstellerische Versuche. Es entsteht u. a. das Theaterstück *Komödie*, das aber weder im Druck noch auf der Bühne erscheint.	22
1946	Basel	Heirat mit Lotti Geißler Dürrenmatt zieht nach Basel.	25
1947		Das Stück *Es steht geschrieben* wird uraufgeführt.	26
1948	Ligerz	Dürrenmatt lebt in Ligerz am Bielersee. Das Stück *Der Blinde* wird uraufgeführt.	27
1949		Das Stück *Romulus der Große* wird uraufgeführt.	28

---

1   Zum folgenden Kapitel des Bandes vgl. u. a. Krättli, S. 1–30, Keller, S. 107–108, Kästler, S. 7–20, Geißler, S. 69/70. Die genannten Werke und Ehrenpreise Dürrenmatts stellen eine Auswahl dar.

2.1 Biografie

JAHR	ORT	EREIGNIS	ALTER
1950/52		Der Kriminalroman *Der Richter und sein Henker* erscheint.	29/31
1952	Neuchâtel	Das Stück *Die Ehe des Herrn Mississippi* wird uraufgeführt. Das Theaterstück wird Dürrenmatts erster großer Bühnenerfolg. Dürrenmatt erwirbt ein Haus in Neuchâtel und lebt dort fortan mit seiner Frau sowie den Kindern Peter, Barbara und Ruth.	31
1953		Das Stück *Ein Engel kommt nach Babylon* wird uraufgeführt. Der Kriminalroman *Der Verdacht* erscheint.	32
1954	Bern	Literaturpreis der Stadt Bern	33
1955		Die Prosakomödie *Grieche sucht Griechin* erscheint.	34
1956		Das Stück *Der Besuch der alten Dame* wird uraufgeführt. Die Erzählung/Das Hörspiel *Die Panne* erscheint.	35
1957		Hörspielpreis der Kriegsblinden	36
1958		Der Roman *Das Versprechen* erscheint. Prix Italia	37
1959		Das Stück *Frank der Fünfte* wird uraufgeführt.	38
1962		Das Stück **Die Physiker** wird uraufgeführt.	41
1963		Das Stück *Herkules und der Stall des Augias* wird uraufgeführt.	42
1966		Das Stück *Der Meteor* wird uraufgeführt.	45
1967		Das Stück *Die Wiedertäufer* (eine Neubearbeitung von *Es steht geschrieben*) wird uraufgeführt.	46

2.1 Biografie

JAHR	ORT	EREIGNIS	ALTER
1970		Das Stück *Portrait eines Planeten* wird uraufgeführt.	49
1973		Das Stück *Der Mitmacher* wird uraufgeführt.	52
1977	Nizza/ Jerusalem	Buber-Rosenzweig-Medaille Ehrendoktor der Universität Nizza und der Hebräischen Universität Jerusalem	56
	Beerscheba	Ehrenmitglied der Ben-Gurion-Universität in Beerscheba	
1981		Ehrendoktor der Universität Neuchâtel	60
1983	Neuchâtel	Tod seiner Frau Lotti Das Stück *Achterloo* wird uraufgeführt.	62
1984		Heirat mit der Schauspielerin Charlotte Kerr Österreichischer Staatspreis für Literatur	63
1985		Der Roman *Justiz* erscheint.	64
1986		Die Novelle *Der Auftrag* erscheint.	65
1990	Neuchâtel	**Tod am 14. 12.** (Herzinfarkt)	69

2.2 Zeitgeschichtlicher Hintergrund

ZUSAMMEN-
FASSUNG

Der zeitgeschichtliche Hintergrund ist geprägt durch:
→ eine wachsende Konfrontation zwischen dem „Ostblock"
  und dem „Westblock" (Kalter Krieg),
→ die Angst der Menschen vor einer atomaren Auseinandersetzung.
Dürrenmatts Stück *Die Physiker* ist auch zu sehen vor dem
Hintergrund seiner Auseinandersetzung mit der Theorie
orie und Geschichtsauffassung Bertolt Brechts und dessen
Drama *Leben des Galilei*.
→ Brecht: Das Theater kann die Welt als veränderbar zeigen.
→ Dürrenmatt: Kein Glaube an Veränderbarkeit; der chao-
  tischen Welt kommt nur die Komödie bei.

Blockkonfrontation, Kriegsgefahr und atomare Bedrohung

Als Dürrenmatts Drama *Die Physiker* 1962 erstmalig auf die
Bühne kam, sah das Gesicht der Welt anders aus als heute. Mitten
in Europa standen sich zwei hochgerüstete militärische und politische Blöcke, die NATO und der Warschauer Pakt, feindlich gegenüber. Sinnfälliger Ausdruck dieser Blockkonfrontation war die nur
ein Jahr zuvor (1961) errichtete Mauer, die die Spaltung Deutsch-
lands und Europas auf ewig zu zementieren schien und an der sich
die ehemaligen Verbündeten des II. Weltkrieges nun als Gegner im
„Kalten Krieg" gegenseitig bedrohten. Auch die „Korea-Krise"
(1950–1953) hatte den Menschen vor Augen gehalten, wie instabil
die politische Situation durch die Konkurrenz der beiden Super-
mächte geworden war.

„Kalter Krieg"

2.2 Zeitgeschichtlicher Hintergrund

Atombombe und Irrenhaus

Die Rüstung der beiden Blöcke und ihrer führenden Mächte, der USA und der Sowjetunion, hatte mit ihren atomaren Arsenalen die Möglichkeit eröffnet, in einem eskalierenden Konflikt nicht nur die an einem Krieg beteiligten Parteien zu vernichten, sondern die gesamte Menschheit auszulöschen und die Grundlagen allen Lebens zu zerstören. Dass Dürrenmatt sein Stück in einem Irrenhaus spielen ließ, musste vielen Zeitgenossen deshalb als durchaus angemessen erscheinen, weil es das Lebensgefühl der Menschen traf: Die Entwicklung von Naturwissenschaft und Technik hielt einerseits Lösungsperspektiven für viele Menschheitsprobleme bereit, schien aber andererseits – vor allem in ihrer militärischen Dimension – die Menschheit an den Rand des Abgrundes gebracht zu haben.

In einem guten Jahrzehnt, der letzten Dekade des 20. Jahrhunderts, sind aber Veränderungen eingetreten, die wohl kaum jemand für möglich gehalten hat. Das Imperium der Sowjetunion ist zerfallen, der Warschauer Pakt ist aufgelöst, die Mauer ist gefallen, ehemalige Gegner, wie einige Staaten des damaligen Ostblocks, sind heute EU-Mitglieder. Nukleare Drohgebärden werden in Zentraleuropa als Teil einer Vergangenheit aufgefasst, die in der Gegenwart als kaum wiederholbar erscheint.

Ist das Stück noch aktuell?

Frage der Machbarkeit

Betrachtet man Dürrenmatts *Die Physiker* heute, muss man die historische Dimension der Entstehungszeit durchaus berücksichtigen, ohne das Stück jedoch lediglich als Ausdruck einer krisenhaften Weltsituation zu verstehen. Dürrenmatt wirft eine grundsätzliche Fragestellung auf, nämlich die, ob alles, was machbar ist, auch wünschenswert und vor allem verantwortbar ist. Er stellt somit die Frage, ob wissenschaftlicher Fortschritt nicht auch ein Fort-Schreiten von ethisch vertretbaren Lebensbedingungen bedeuten kann. Schriebe er das Stück heute, stünden im Mittelpunkt vielleicht keine Physiker, sondern Bio- bzw. Gentechniker, Ingenieure der Informationstechnologien oder Mediziner aus dem Bereich der Humanforschung.

2.2   Zeitgeschichtlicher Hintergrund

Dürrenmatt und Brecht

Will man sich dem Theater Friedrich Dürrenmatts nähern, so muss nahezu zwangsläufig der Name Bertolt Brecht fallen. Dies gilt nicht nur im Falle des Stücks *Die Physiker*, das als Zurücknahme des brechtschen *Galilei* gelten kann, sondern für Dürrenmatts Auffassung vom Theater überhaupt.[2]

Unter direktem Bezug auf Dürrenmatt, dessen Namen Bertolt Brecht bereits im ersten Satz seines Textes „Kann die heutige Welt durch Theater wiedergegeben werden?", nennt, hatte Brecht 1955 in Darmstadt tagenden Dramaturgen noch einmal seinen Standpunkt zur Frage der Erkennbarkeit und Veränderbarkeit der Welt dargelegt und die Rolle des Theaters in diesem Zusammenhang aufgezeigt:

Brecht und die Darstellung der Welt auf der Bühne

> „Mit Interesse höre ich, daß Friedrich Dürrenmatt in einem Gespräch über das Theater die Frage gestellt hat, ob die heutige Welt durch Theater überhaupt noch wiedergegeben werden kann. (...) In einem Zeitalter, dessen Wissenschaft die Natur derart zu verändern weiß, daß die Welt schon nahezu bewohnbar erscheint, kann der Mensch dem Menschen nicht mehr lange als Opfer beschrieben werden, als Objekt einer unbekannten, aber fixierten Umwelt. Vom Standpunkt eines Spielballs aus sind die Bewegungsgesetze kaum konzipierbar. (...) Es wird Sie nicht verwundern, von mir zu hören, daß die Frage der Beschreibbarkeit der Welt eine gesellschaftliche Frage ist. (...) Und Sie werden mir vielleicht darin zustimmen, daß die heutige Welt eine Änderung braucht. Für diesen kleinen Aufsatz, den ich als einen freundschaftlichen Beitrag zu Ihrer Diskussion zu betrachten bitte, genügt es vielleicht, wenn ich jedenfalls meine

---

2   Der Begriff „Zurücknahme" geht auf Hans Mayer zurück.

2.2 Zeitgeschichtlicher Hintergrund

Meinung berichte, daß die heutige Welt auch auf dem Theater wiedergegeben werden kann, aber nur wenn sie als veränderbar aufgefaßt wird."[3]

**Brecht:
Das Theater kann
die Welt als veränderbar zeigen**

Der Marxist Brecht ging davon aus, dass es in der Gesellschaft – wie auch in der Natur – Bewegungsgesetze gibt und dass diese Bewegungsgesetze der Gesellschaft (bestimmt durch die Entwicklung der Produktionsverhältnisse und Produktivkräfte und der auf ihrer Basis sich entwickelnden Klassenantagonismen) nicht nur erkennbar sind, sondern im Theater beschrieben werden können. Brechts Auffassung ist dabei von einer optimistischen Geschichtsauffassung geprägt, die eine Veränderung der gesellschaftlichen Verhältnisse nicht nur für wünschenswert, sondern auch für möglich hält. Das Theater könne, so Brechts Ansatz, die Bewegungsgesetze der Gesellschaft erhellen, die Gesellschaft als eine veränderbare zeigen und dadurch zu ihrer Veränderung beitragen.

Ganz anders Dürrenmatt. Auch er sieht, wie Brecht, die Ungerechtigkeiten dieser Welt, doch ist seine Position weder fortschrittsoptimistisch, noch daran interessiert, Möglichkeiten der Veränderung auf dem Theater anzubieten:

**Dürrenmatt:
Die Welt als
Rätsel an Unheil**

„Ich lehne es ab, das Allgemeine in einer Doktrin zu finden, ich nehme es als Chaos hin. Die Welt (die Bühne somit, die diese Welt bedeutet) steht für mich als ein Ungeheures da, als ein Rätsel an Unheil, das hingenommen werden muß, vor dem es jedoch kein Kapitulieren geben darf. Die Welt ist größer denn der Mensch, zwangsläufig nimmt sie bedrohliche Züge an, die

---

3 Bertolt Brecht, *Kann die heutige Welt durch Theater wiedergegeben werden?* (1955), in: Bertolt Brecht, Schriften zum Theater. Über eine nicht-aristotelische Dramatik, Frankfurt am Main: Suhrkamp, 1971, S. 7–9.

2.2 Zeitgeschichtlicher Hintergrund

von einem Punkt außerhalb nicht bedrohlich wären, doch habe ich kein Recht und keine Fähigkeit, mich außerhalb zu stellen. Trost in der Dichtung ist oft nur allzu billig, ehrlicher ist es wohl, den menschlichen Blickwinkel beizubehalten."[4]

Den „Bewegungsgesetzen" bei Brecht steht hier das „Chaos" gegenüber, der Veränderbarkeit der Welt ein „Rätsel an Unheil", das „hingenommen werden muss", wenngleich auch nicht vor ihm zu kapitulieren ist. Eine Doktrin (bei Brecht seine marxistische Geschichtsauffassung), von der aus die Welt beschreibbar und erklärbar wäre, lehnt Dürrenmatt kategorisch ab.

Noch schärfer konturiert Dürrenmatt seine Gegenposition zu Brecht in seiner Mannheimer Rede aus Anlass der Verleihung des Schiller-Preises (1959), in der er sich mit Schiller, aber eben auch mit dem Theater Brechts, auseinandersetzt:

Dürrenmatt contra Brecht

„Die Welt hat sich nicht so sehr durch ihre politischen Revolutionen verändert, wie man behauptet, sondern durch die Explosion der Menschheit ins Milliardenhafte, durch die notwendige Aufrichtung der Maschinenwelt, durch die zwangsläufige Verwandlung der Vaterländer in Staaten, der Völker in Massen, der Vaterlandsliebe in eine Treue der Firma gegenüber. Der alte Glaubenssatz der Revolutionäre, daß der Mensch die Welt verändern könne und müsse, ist für den Einzelnen unrealisierbar geworden, außer Kurs gesetzt, der Satz ist nur noch für die Menge brauchbar, als Schlagwort, als politisches Dynamit, als Hoffnung für die grauen Armeen der Hungernden."[5]

---

4 Dürrenmatt, *Theaterprobleme*, S. 60 f.
5 Zitiert nach: Mayer, S. 220.

2.2 Zeitgeschichtlicher Hintergrund

Dürrenmatt:
Der Welt kommt
nur noch die
Komödie bei

Aus heutiger Sicht mag es so scheinen, als habe Dürrenmatt mit seinem vier Jahre nach dieser Rede uraufgeführten Werk *Die Physiker* die praktische Theaterprobe für seine theoretischen Ausführungen abliefern wollen. Für seinen Protagonisten Möbius erweist sich die These von der Veränderbarkeit der Welt tatsächlich als ‚außer Kurs gesetzt', sein Versuch, die Welt zu retten, nimmt die „schlimmstmögliche Wendung".[6] Dürrenmatt nimmt Brechts Auffassung von der Veränderbarkeit der Welt nur noch als (quasi religiösen) Glaubenssatz, tauglich für die Propaganda, aber ohne Möglichkeit der Umsetzung. Von seiner Weltsicht aus bestimmt Dürrenmatt auch die Antwort auf die Frage, welche Art (Gattung, Form) des Dramas die der Zeit angemessene ist, und kommt so zur Form der Komödie und ihrer Aufgabe in der Welt:

> „Doch die Aufgabe der Kunst, soweit sie überhaupt eine Aufgabe haben kann, und somit die Aufgabe der heutigen Dramatik ist, Gestalt, Konkretes zu schaffen. Dies vermag vor allem die Komödie. Die Tragödie, als die gestrengste Kunstgattung, setzt eine gestaltete Welt voraus. Die Komödie (...) eine ungestaltete, im Werden, im Umsturz begriffene, eine Welt, die am Zusammenpacken ist wie die unsrige. (...) Die Tragödie setzt Schuld, Not, Maß, Übersicht, Verantwortung voraus. In der Wurstelei unseres Jahrhunderts, in diesem Kehraus der weißen Rasse, gibt es keine Schuldigen und keine Verantwortlichen mehr. Alle können nichts dafür und haben es nicht gewollt. (...) Schuld gibt es nur noch als persönliche Leistung, als religiöse Tat. *Uns kommt nur noch die Komödie bei.* (...) Doch ist das Tragische immer noch möglich, auch wenn die reine Tragödie nicht mehr

---

6   „Eine Geschichte ist dann zu Ende gedacht, wenn sie ihre schlimmstmögliche Wendung genommen hat." 3. Punkt der „21 Punkte zu den *Physikern*", zitiert nach: *Physiker*, Textausgabe, S. 91.

2.2 Zeitgeschichtlicher Hintergrund

möglich ist. *Wir können das Tragische aus der Komödie heraus erzielen, hervorbringen als einen schrecklichen Moment, als einen sich öffnenden Abgrund (...)."*[7]

Hält Brecht, in dialektischer Brechung des vorgefundenen Schlechten, die Hoffnung auf Veränderung zum Guten durch Erkennen und kollektives Handeln bereit, führt Dürrenmatt seine Figuren (und damit auch die Rezipienten) über die „schlimmstmögliche Wendung" bis an den Abgrund, in den wir hinein zu blicken vermögen, ohne aber eine Antwort oder eine Lösung parat zu haben oder eine solche Antwort bereitstellen zu können oder zu wollen. Von daher kann man Gestalten seiner Dramen, wie Ill aus *Der Besuch der alten Dame*, Romulus aus *Romulus der Große* und auch Möbius aus *Die Physiker*, als Einzelne begreifen, die die Verantwortung schultern und zugleich zu tragischen (oder tragikomischen) Figuren werden, weil ihr Handeln sie an den Abgrund führt. Der Abgrund, in den wir mit den Figuren blicken, erscheint deshalb umso entsetzlicher, weil Dürrenmatt seine (oft vitalen) Figuren in groteske Situationen setzt, seine Stücke mit brillanten szenischen Einfällen, den Mitteln des Slapsticks und des Kalauers, der Parodie und der Satire unterfüttert. Dabei hat der Theatermann Dürrenmatt stets auch die Bühnen- und Publikumswirksamkeit seiner Einfälle im Blick:

Die „schlimmstmögliche Wendung"

„Durch den Einfall, durch die Komödie wird das anonyme Publikum als Publikum erst möglich, eine Wirklichkeit, mit der zu rechnen, die aber auch zu berechnen ist. Der Einfall verwandelt die Menge der Theaterbesucher besonders leicht in eine Masse, die nun angegriffen, verführt, überlistet werden kann, sich Dinge anzuhören, die sie sich sonst nicht so leicht anhören

--- --- ---

7 Dürrenmatt, *Theaterprobleme*, S. 57–60 (Hervorhebung von mir, B. M.).

2.2 Zeitgeschichtlicher Hintergrund

würde. Die Komödie ist eine Mausefalle, in die das Publikum immer wieder gerät und immer noch geraten wird."[8]

Die großen Bühnenerfolge, die Dürrenmatt besonders in den 1960er Jahren hat feiern können, deuten darauf hin, dass das Publikum (damals) sich gerne von seinen „Mausefallen" hat fangen lassen.

---

8   Ebd., S. 61.

2.3   Angaben und Erläuterungen zu wesentlichen Werken

ZUSAMMEN-
FASSUNG

Als Dürrenmatts *Die Physiker* erscheint, ist er bereits ein bekannter und erfolgreicher Autor. Sein Theaterstück *Der Besuch der alten Dame* ist zu einem grandiosen Erfolg geworden. Als Verfasser von Kriminalromanen hat er sich ebenfalls bereits einen Namen gemacht (*Der Richter und sein Henker/Der Verdacht*). Trotz der Behandlung unterschiedlicher Themen und Probleme sowie der verschiedenen Genres (Drama, Kriminalroman, etc.), gibt es zwischen den Werken Dürrenmatts verbindende Elemente.

→ Dürrenmatt präsentiert uns oft Figuren, die in Schuld verstrickt sind oder sich, obwohl sie das Gute wollen, in Schuld verstricken. Er zeigt uns den mutigen Einzelnen, der versucht, die Ordnung der Welt in seiner „Brust" wieder herzustellen.

→ In Dürrenmatts Werken spielt immer wieder der Zufall eine Rolle. Der Zufall kann dabei Anstoß für das Handeln der Figuren sein oder auch ihr Handeln so bestimmen, dass sie scheitern (wie etwa auch Möbius in *Die Physiker*).

→ Häufig greift Dürrenmatt auf das Motiv des Essens (und Trinkens) zurück; Nahrungs- und Genussmittel (Zigarren, Getränke, Schokolade) tauchen immer wieder (mehr oder weniger zentral eingesetzt) in seinen Werken auf. In *Die Physiker* gibt es ein gemeinsames Abendessen von Möbius, Newton und Einstein

2.3   Angaben und Erläuterungen zu wesentlichen Werken

Bereits die Angaben zur Biografie (vgl. Kap. 2.1 dieser Erläuterung), die selbst wiederum ja nur eine Auswahl aus dem Werk Friedrich Dürrenmatts präsentiert, dürften deutlich gemacht haben, wie umfangreich das Gesamtwerk des Autors ist. Jeder Versuch, dem Schaffen Dürrenmatts auf wenigen Seiten gerecht zu werden, muss deshalb zum Scheitern verurteilt sein und wird hier gar nicht erst unternommen. Vielmehr sollen hier ausschnitthaft die Figuren **Ill** und **Romulus** aus Dürrenmatts *Der Besuch der alten Dame* (1956) und *Romulus der Große* (1949) sowie Kommissar **Bärlach** aus den Kriminalromanen *Der Richter und sein Henker* (1952) und *Der Verdacht* (1953) beleuchtet werden, weil es zwischen ihnen und **Möbius** aus *Die Physiker* einige Berührungspunkte gibt. In einem weiteren Abschnitt dieses Kapitels soll auf einige Motivverbindungen zwischen dem Drama *Die Physiker* und anderen literarischen Texten Dürrenmatts hingewiesen werden.

Der Einzelne und die Verantwortung. Anmerkungen zu einigen Figuren Friedrich Dürrenmatts

Romulus: Inhalt

1949 kommt Dürrenmatts Vier-Akter *Romulus der Große*, eine „ungeschichtliche historische Komödie", auf die Bühne (Uraufführung am Stadttheater Basel). Romulus, der letzte Kaiser des römischen Imperiums, der hauptsächlich Interesse an seiner Hühnerzucht hat und seine Hühner alle mit den Namen seiner kaiserlichen Vorgänger belegt hat, wird damit konfrontiert, dass die Germanen Pavia überrannt haben und alsbald vor den Toren Roms stehen werden. Romulus ist aber zu der Einsicht gekommen, dass das römische Reich zum Untergang verurteilt ist („Rom ist längst gestorben. Du opferst dich einem Toten, du kämpfst für einen Schatten, du lebst für ein zerfallenes Grab", lässt er den Präfekten Spurius Titus Mamma wissen; *Romulus*, S. 46). Aus dieser Einsicht heraus weigert sich Romulus, die verbliebenen Truppen Roms in

2.3   Angaben und Erläuterungen zu wesentlichen Werken

ein letztes und aussichtsloses Gefecht zu führen, was ihm als Verrat ausgelegt wird. Als er deswegen ermordet werden soll, macht er keine Anstalten, sich zu wehren, doch wird die Mordtat nicht ausgeführt, weil die Germanen eintreffen. Während der Hofstaat sich absetzt (bei der Flucht kommen Romulus' Frau und Tochter ums Leben), erwartet Romulus in seinem heruntergekommenen Landhaus nun die Germanen und mit ihnen seinen Tod. Doch Odoaker, der Germanenfürst, teilt mit Romulus die Vorliebe für die Hühnerzucht und die Müdigkeit, ein Weltreich zu erobern („Ich bin ein Bauer und hasse den Krieg. Ich suche eine Menschlichkeit, die ich in den germanischen Urwäldern nicht finden konnte. Ich fand sie in dir, Kaiser Romulus.", *Romulus*, S. 108). Beide Männer verständigen sich darauf, noch einmal eine kaiserliche Pose einzunehmen: Romulus ernennt Odoaker zum König von Italien, Odoaker schickt Romulus feierlich in Pension. Beide sehen aber in Odoakers Neffen Theoderich bereits ihren Henker und den Fortsetzer einer Kriegs- und Großmachtpolitik.

Dürrenmatts Komödie, mit viel Wortwitz und Kalauern durchsetzt (als „running gag" taucht der ewig verschlafene und immer zu spät kommende Spurius Titus Mamma auf), zeigt mit Romulus einen ironischen „Helden", der dem Rollenbild eines römischen Kaisers nicht entsprechen und gleichsam aus der Geschichte aussteigen will. Die Tragik Romulus' besteht darin, dass er den Untergang Roms bewusst in Kauf genommen hat und sich opfern will, weil er seinem Land schon zu viele Opfer zugemutet hat. Nun muss er weiterleben in dem Wissen darum, dass ein anderer (Theoderich nämlich) in Zukunft ein anderes Weltreich errichten wird, so dass das Rad von Krieg, Eroberung und Unterdrückung, das Romulus durch den bewusst herbeigeführten Untergang Roms zum Stillstand bringen wollte, sich weiterdrehen wird.

Romulus: ein ironischer „Held"

2.3   Angaben und Erläuterungen zu wesentlichen Werken

Der Besuch der alten Dame: Inhalt

1956 wurde am Zürcher Schauspielhaus *Der Besuch der alten Dame* uraufgeführt, neben *Die Physiker* Dürrenmatts größter Theatererfolg. Das Stück spielt in dem kleinen, völlig heruntergekommenen Ort Güllen. Die Einwohner setzen ihre ganze Hoffnung auf Claire Zachanassian, eine Multimilliardärin, die ihren Besuch angekündigt hat. Einst lebte sie in Güllen und war die Geliebte von Ill. Jetzt kommt sie zurück, um sich Gerechtigkeit zu verschaffen, denn Ill hatte sie im Stich gelassen, als sie ein Kind von ihm erwartete. Vor Gericht war sie (durch Falschaussagen) als Hure verleumdet worden. Sie stellt den Güllenern eine Milliarde in Aussicht, knüpft jedoch eine Bedingung daran: Ill soll für seinen Verrat an ihr getötet werden. Wird diese Bedingung zunächst empört zurückgewiesen, muss Ill am Ende des II. Aktes bereits erkennen: „Ich bin verloren." Denn die ökonomische Misere, in der sich Güllen befindet, ist von Claire Zachanassian herbeigeführt worden, die den ganzen Ort aufgekauft hat, um so seinen Ruin betreiben zu können. Im III. Akt wird der getötete Ill Claire Zachanassian, wie sie es gefordert hat, vor die Füße gelegt.

Der doppelte Prozess: die Schuld Ills und der Güllener

Das Spiel zeigt einen doppelten Prozess mit gegenläufiger Entwicklung. Der erste Prozess richtet sich gegen Ill, der nach 25 Jahren für seinen Verrat an der Liebe zu Claire und die damalige Bestechung der Zeugen und des Richters, die sich nun im Tross der Zachanassian befinden, zur Rechenschaft gezogen wird. Der zweite Prozess richtet sich gegen die Güllener insgesamt, die das Unrecht an Claire Zachanassian duldeten und sie zudem noch mit Schimpf und Schande aus dem Dorf trieben. Während Ill sich aber nun zu seiner Schuld bekennt, verdoppeln die Güllener ihre damalige Schuld durch den Mord an Ill in der Gegenwart. Dabei geht der moralische Tiefpunkt, auf den die Gemeinde zusteuert, mit dem ökonomischen Aufschwung durch die Milliarde einher. Wird Ill physisch vernichtet, moralisch aber erhöht, weil er seine Schuld

2.3 Angaben und Erläuterungen zu wesentlichen Werken

annimmt und dafür sühnt, erweist sich die Gemeinde als heuchlerische Gemeinschaft, die sich angesichts der wirtschaftlichen Krise und des in Aussicht gestellten Aufschwungs von allen humanitären Idealen verabschiedet.

Kommissar Bärlach ist die Mittelpunktfigur der Kriminalromane *Der Richter und sein Henker* und *Der Verdacht*. In *Der Richter und sein Henker* beauftragt Kommissar Bärlach seinen Mitarbeiter Tschanz damit, den Mord an Schmied, der ebenfalls Mitarbeiter Bärlachs war, aufzuklären. Bärlach treibt von Anfang an ein doppeltes Spiel, da er zu der Erkenntnis gekommen ist, dass es Tschanz war, der Schmied aus Neid und Karrieresucht getötet hat.

Der Richter und sein Henker: Handlung und Thematik

Schmied war auf Gastmann angesetzt worden, den Bärlach sein ganzes Polizistenleben lang vergeblich zu überführen versucht hat und mit dem er schuldhaft in eine Wette verstrickt ist (Gastmann hatte mit Bärlach gewettet, er könne ein perfektes Verbrechen begehen, bei dem seine Schuld nicht nachzuweisen sei; Bärlach hatte diese Wette angenommen, worauf Gastmann einen Menschen tötete, ohne dass Bärlach ihn überführen konnte). Da Schmied nun tot ist, setzt er Tschanz auf Gastmann an und manipuliert ihn so, dass Tschanz, um von sich selber abzulenken, Gastmann tötet und diesen als Mörder Schmieds präsentiert. In einem letzten Gespräch offenbart Bärlach Tschanz sein Wissen um den Mord an Schmied und gesteht Tschanz, dass er sich zum Richter über Gastmann gemacht und Tschanz als Henker für Gastmann gebraucht habe. Festnehmen lässt Bärlach Tschanz jedoch nicht. Dieser richtet sich selbst (er wird mit seinem Wagen von einem Zug überrollt).

In *Der Verdacht* gerät Bärlach zufällig an ein Foto, das in ihm (bzw. in dem mit ihm befreundeten Arzt Hungertobel) den Verdacht erregt, es zeige einen ehemaligen KZ-Arzt, der unter anderem Namen nun eine angesehene Klinik für Millionäre betreibt.

Der Verdacht: vom Verdacht zur Gewissheit

2.3   Angaben und Erläuterungen zu wesentlichen Werken

Bärlach geht diesem Verdacht nach und begibt sich in die Klinik. Dr. Emmenberger erweist sich als der, den Bärlach in ihm vermutet hat, durchschaut aber Bärlachs Tarnung und will den kranken Kommissar auf dem OP-Tisch töten. Gerettet wird Bärlach durch den rechtzeitig auftauchenden Juden Gulliver (eine Personifizierung des wandernden „ewigen Juden"), der die Menschenexperimente Dr. Emmenbergers im Konzentrationslager überlebt hat und nun als Racheengel durch die Welt zieht.

Kommissar Bärlach: Charakterzüge

Bärlach ist ein Einzelgänger, verlässt sich mehr auf seinen Instinkt als auf „wissenschaftliche" Polizeimethoden und ist ein leidenschaftlicher (Schach-) Spieler. Das Unrecht dieser Welt hat er in sich hineingefressen. Er ist durch Magenkrebs gezeichnet (gleichwohl, was das Essen und Trinken angeht, ein Gargantua[9]) und sieht einer Operation entgegen, deren Ausgang ungewiss ist (sein Freund und Arzt Hungertobel geht davon aus, dass Bärlach nur noch ein Jahr zu leben hat). Zugleich ist Bärlach ein Moralist, der den Einsatz seines Lebens nicht scheut (*Der Verdacht*), aber auch selbst unmoralisch handelt, um der Moral Geltung zu verschaffen, denn er bricht die Regeln des Gesetzes, indem er sich selbst zum Richter macht und Tschanz als sein Werkzeug benutzt, um Gastmann zur Strecke zu bringen (*Der Richter und sein Henker*).

Gemeinsamkeiten der Figuren

Bei aller Unterschiedlichkeit in der Figurenzeichnung und den Charakterzügen, den Handlungsweisen und Konstellationen, in die Ill, Romulus und Bärlach gesetzt sind, ergeben sich doch Bezugspunkte zwischen den Figuren und Möbius aus *Die Physiker*. Auf ihre jeweils ganz eigene Weise sind die Figuren in eine Schuldfrage verstrickt, haben Schuld auf sich geladen und müssen sich ihrer Verantwortung stellen, wobei sie oft von der eigenen Vergangen-

---

9   Figur von François Rabelais, die mit einem unstillbaren Appetit gesegnet ist.

2.3   Angaben und Erläuterungen zu wesentlichen Werken

heit eingeholt werden. **Romulus** erkennt im Gespräch mit Odoaker an, dass er sich das Recht genommen hat, „Roms Richter zu sein", und von seinem „Lande ein ungeheures Opfer" verlangt zu haben (*Romulus*, S. 108). **Bärlach** muss sich eingestehen, dass er durch die Wette mit Gastmann Schuld auf sich geladen hat, die er durch eine erneute Schuld in der Gegenwart – auch er macht sich zum Richter – zu tilgen sucht. **Ill** in *Der Besuch der alten Dame* wird ebenfalls von der Vergangenheit, in der er Schuld auf sich geladen hat, eingeholt. Der Physiker **Möbius** sieht durch die Ergebnisse seiner Forschungen die Existenz der gesamten Menschheit gefährdet: „Unsere Wissenschaft ist schrecklich geworden, unsere Forschung gefährlich, unsere Erkenntnis tödlich." (S. 74) Und um ein schrecklicheres Morden zu verhindern, ist er zum Mörder und somit schuldig geworden. Alle vier Figuren ziehen individuelle Konsequenzen aus ihren Einsichten und ihren Schuldanerkenntnissen. **Ill** steigt nicht in den Zug, der ihn von Güllen fortbringen könnte, **Romulus** erklärt das römische Weltreich für aufgelöst und geht in Pension, **Bärlach** riskiert sein Leben und begibt sich in die Hände eines Mörders, **Möbius** sucht Rettung durch die Flucht in das Irrenhaus. Durch ihre individuelle Tat wird die Welt als Ganzes aber nicht gerettet. Besonders **Möbius** trägt durch seinen Entschluss dazu bei, dass die „schlimmstmögliche Wendung" eintritt. Aber man „(...) kann den Kaiser Romulus, man kann Ill und Möbius, die tapferen Einzelnen, als Menschen verstehen, die ihre Verantwortung wahrnehmen, indem sie nicht mehr mitmachen, nicht mehr mitspielen."[10]

Die „tapferen Einzelnen"

---

10   Krättli, S. 20

2.3 Angaben und Erläuterungen zu wesentlichen Werken

Vom Essen und Trinken – Motivverbindungen

Das entscheidende Gespräch zwischen den drei Physikern (II. Akt) findet während eines üppigen Abendessens statt (Newton kommentiert: „Merkwürdig. Sonst essen wir doch abends leicht. Und bescheiden." S. 61). Dass ein zentraler Dialog oder ein bedeutender Handlungsabschnitt in einem Text Dürrenmatts während eines Essens stattfindet, ist nicht nur dem Umstand geschuldet, dass Dürrenmatt selbst dem Essen und Trinken gerne zugesprochen hat. Dürrenmatt nutzt das kommunikative Moment eines Essens, zumal eines Abendessens, um seine Figuren „ins Gespräch miteinander" zu bringen und so Dialog und Handlung voranzutreiben. Allerdings wendet er die kommunikative Situation des Essens oft ins Bedrohliche und Gespenstische. Wenn Einstein das Abendessen als **„reinste Henkersmahlzeit"** bezeichnet (S. 66, Hervorhebung von mir, B. M.), so trifft er mit seiner als Witz gemeinten Bemerkung den Nagel auf den Kopf, denn noch während des Essens verwandelt sich der Salon des Sanatoriums (der Spielort) in ein Gefängnis (vgl. S. 67). Als eine Henkersmahlzeit entpuppt sich für den Generalvertreter Alfredo Traps aus Dürrenmatts Erzählung *Die Panne* das Abendessen mit den älteren Herren, in deren Gesellschaft er nach der Panne seines Fahrzeugs gerät. Das Gespräch bei Tisch setzt Traps einer Verhörsituation aus; die alten Herren, ein Richter, ein Staatsanwalt, ein Verteidiger und ein (nebenberuflicher) Henker, alle schon nicht mehr im Amt, klagen ihn des Mordes an und verurteilen ihn zum Tode; das Spiel, wie sie es nennen, endet damit, dass Traps sich in seinem Zimmer erhängt.

Auch das letzte und entscheidende Gespräch zwischen Kommissar Bärlach und seinem Mitarbeiter Tschanz (*Der Richter und sein Henker*) findet während eines Abendessens statt. Bärlach überführt Tschanz nicht nur des Mordes an Schmied, sondern klärt Tschanz darüber auf, dass und wie er ihn zum Werkzeug gemacht

Ein Abendessen als „Henkersmahlzeit"

Ein Abendessen als Verhörsituation

2.3   Angaben und Erläuterungen zu wesentlichen Werken

hat, um Gastmann, den er seit Jahren gejagt hat, zu vernichten. Tschanz muss erkennen, dass die freundliche Einladung zum Essen eine Falle war.

Kaiser Romulus und Odoaker (*Romulus der Große*) kommen sich beim Genuss von Spargelwein, den Romulus kredenzen lässt, näher; jedoch stellt Odoaker fest, dass das germanische Bier besser schmeckt als dieses römische Getränk, und mit dem römischen Reich wird auch der Spargelwein in Vergessenheit geraten.

Entscheidendes Gespräch beim Abendessen – Inszenierung am Deutschen Theater, Kammerspiele Berlin, 2005, © ullstein bild – Lieberenz

2.3   Angaben und Erläuterungen zu wesentlichen Werken

Vom Zufall – Motivverbindungen

Zufälle als Hand-
lungselemente

Romulus und Odoaker können auch als Beleg für die Rolle des Zufalls in den Werken Dürrenmatts gelten, denn beide Imperatoren vereint (rein zufällig natürlich!) das Interesse an der Hühnerzucht. Und so parlieren sie bei ihrer Begegnung zunächst über die Vor- und Nachteile bestimmter Hühnerrassen, bevor sie auf das Schicksal des römischen Reiches zu sprechen kommen. Ein Zufall führt den Generalvertreter Traps (*Die Panne*) in die Abendgesellschaft der alten Herren, denn just an dem Abend, an dem der Motor seines Wagens wegen einer defekten Benzinleitung streikt, sind alle Gasthöfe in dem kleinen Ort belegt, so dass man ihn auf die Villa hinweist, in der ab und zu Reisende als Gast aufgenommen werden.[11] Und zufällig tagen an diesem Abend wieder einmal die alten Herren und laden ihn ein.

Mehr durch einen Zufall kommt Kommissar Bärlach (*Der Verdacht*) dem ehemaligen KZ-Arzt Nehle/Emmenberger auf die Spur; denn zufällig hat Bärlachs Freund und Arzt Dr. Hungertobel diesen einst operiert und meint (wenn auch stark zweifelnd), ihn auf einem Foto wiedererkannt zu haben. Und gerettet wird Bärlach ebenfalls durch einen Zufall, der darin besteht, dass der Jude Gulliver, der Bärlach in höchster Not hilft, den mörderischen Zwerg (das Werkzeug Emmenbergers/Nehles) aus dem Konzentrationslager kennt.

Und in *Die Physiker* führt ein reiner Zufall Möbius, der seine Erkenntnisse vor der Welt verbergen will, ausgerechnet in ein Sanatorium, das von einer irren und geisteskranken Ärztin geleitet wird.

Der „definitive
Zufall"

Nun können Zufälle ein unterschiedliches Gewicht, eine unterschiedliche dramaturgische Bedeutung haben. Sie können Anstoß für die Handlung sein, wie etwa das Foto für Bärlach Anstoß für seine Ermittlungen ist. Beim Zufall in *Die Physiker* handelt es sich

---

11   Trapsen: umgangssprachlich für sehr laut auftreten; the trap: die Falle.

2.3   Angaben und Erläuterungen zu wesentlichen Werken

um einen, wie Ulrich Profitlich es genannt hat, „definitiven Zufall", einen Zufall, der das Geschehen in einem solchen Grade bestimmt, dass der (negative) Ausgang unaufhaltsam wird, dass die Schicksale der Figuren besiegelt sind, dass alle anderen Handlungsfaktoren keinen Einfluss mehr auf den Ausgang nehmen können und dass, wenn ein positives Ende greifbar nahe erscheint (in *Die Physiker* der Entschluss, gemeinsam im Irrenhaus zu bleiben, um die Welt zu retten), die Handlung eine entscheidende Schicksalswende nimmt.[12]

Dürrenmatt hat die Bedeutung des Zufalls für seine Dramaturgie in seinen *21 Punkten zu den* ‚Physikern' in den Punkten 4–9 behandelt:

> „4 Die schlimmstmögliche Wendung ist nicht vorhersehbar. Sie tritt durch Zufall ein.
>
> 5 Die Kunst des Dramatikers besteht darin, in einer Handlung den Zufall möglichst wirksam einzusetzen.
>
> 6 Träger einer dramatischen Handlung sind Menschen.
>
> 7 Der Zufall in einer dramatischen Handlung besteht darin, wann und wo wer zufällig wem begegnet.
>
> 8 Je planmäßiger die Menschen vorgehen, desto wirksamer mag sie der Zufall treffen.
>
> 9 Planmäßig vorgehende Menschen wollen ein bestimmtes Ziel erreichen. Der Zufall trifft sie dann am schlimmsten, wenn sie durch ihn das Gegenteil ihres Ziels erreichen: Das, was sie befürchteten, was sie zu vermeiden suchten (z. B. Oedipus)." (S. 91 f.)[13]

---

12 Vgl. Profitlich, S. 28 f.
13 Ödipus (Sophokles, *König Ödipus*) will dem Orakelspruch, er werde seinen Vater töten und seine Mutter ehelichen und mit ihr Kinder zeugen, aus dem Weg gehen, indem er seine (vermeintlichen) Eltern verlässt. Auf seiner Wanderschaft tötet er einen ihm unbekannten Mann (seinen leiblichen Vater); er heiratet seine Mutter und zeugt mit ihr Kinder, ohne zu wissen, dass seine Gattin zugleich seine Mutter ist. Durch seinen Versuch, den Konsequenzen des Orakels zu entgehen, trägt er (unwissentlich) dazu bei, es zu erfüllen. So tritt die schlimmstmögliche Wendung ein (vgl. Bernd Matzkowski, *Sophokles, König Ödipus*, Königs Erläuterungen und Materialien Bd. 46, Hollfeld: Bange Verlag, 2002).

2.3 Angaben und Erläuterungen zu wesentlichen Werken

Der Zufall und die „schlimmstmögliche Wendung"

Möbius' Ziel ist es, die Menschheit zu retten, indem er sein Wissen zurücknimmt. Diese Zurücknahme sieht er dadurch als möglich an, dass er den Wahnsinnigen spielt und sich in ein Irrenhaus begibt. Durch diesen Schritt aber tritt überhaupt erst die schlimmstmögliche Wendung ein. Gilt er für die Außenwelt tatsächlich als wahnsinnig, so kann Mathilde von Zahnd umso besser die Ergebnisse seiner Forschungen ausbeuten. Gerade die selbst gewählte Isolation macht es Möbius nun unmöglich, die einzige Kraft, die das Unheil überhaupt verhindern könnte, zu mobilisieren: die Öffentlichkeit, zu der er jetzt aber keinen Zugang mehr hat. Zu den Ursachen seines Scheiterns heißt es im „Punkt 18 zu den *Physikern*": „Jeder Versuch eines einzelnen, für sich zu lösen, was alle angeht, muß scheitern." (S. 93) Möbius erreicht durch seinen Schritt, den er bewusst geplant hat, genau das Gegenteil dessen, was er beabsichtigt hat: Die Welt ist in der Hand einer Wahnsinnigen. Resignierend muss Möbius feststellen: „Was einmal gedacht wurde, kann nicht mehr zurückgenommen werden." (S. 85)

Der Zufall und das Umschlagen von Plänen in ihr Gegenteil

Der Zufall als „philosophisches Moment"

Die Bedeutung des Zufalls spielt bei Dürrenmatt auf zwei Ebenen eine Rolle: Auf der Ebene der Dramaturgie (des einzelnen Dramas oder auch einer Erzählung) ist der Zufall das Mittel, um den Einfall, der am Beginn eines Dramas oder einer Erzählung steht, über die Handlung zu entfalten und bis zu ihrem Ende zu führen, also zur „schlimmstmöglichen Wendung".[14] Die Pläne von Möbius werden durch den Zufall durchkreuzt, der aber seine Wirkungsmacht erst dadurch ins Schreckliche entfalten kann, dass er der irren Ärztin die Möglichkeiten in die Hände spielt, die sie zur Umsetzung ihrer Pläne benötigt, und dass Möbius – isoliert – in einer Welt lebt, vor der

---

14 Dürrenmatts Punkte 1 und 2 zu *Die Physiker* beschreiben diesen Ansatzpunkt: „1 Ich gehe nicht von einer These, sondern von einer Geschichte aus. 2 Geht man von einer Geschichte aus, muß sie zu Ende gedacht werden." (S. 91)

2.3   Angaben und Erläuterungen zu wesentlichen Werken

er meint, flüchten zu müssen, weil sie sonst seine Erfindungen aus-
schlachten würde, den eigenen Untergang in Kauf nehmend.

Zugleich hat der Zufall aber auch eine philosophische Dimension. Er stellt sich dem planenden Menschen entgegen und zeigt
ihm die Grenzen des „Machbaren" (im Sinne einer vorausschau-
enden Planung) auf. Der Zufall als Prinzip ist der Ausdruck einer
verlorenen Ordnung in einer Welt, die Dürrenmatt als „Chaos"
sieht.[15] Der Zufall gehört somit zu den entscheidenden Kräften,
die einer Veränderung der Gesellschaft im Sinne Brechts, der die
Gesellschaft für veränderbar hielt, weil er ihre Bewegungsgesetze
für erkennbar hielt, entgegenwirken.

VERBINDUNGEN ZU ANDEREN WERKEN UND FIGUREN
DIE PHYSIKER / **MÖBIUS**

Häufig tauchen in den Werken Dürrenmatts Mörder und andere Verbrecher auf: Gastmann (*Der Richter und sein Henker*), Nehle/Emmenberger (*Der Verdacht*). Im *Besuch der alten Dame* kommt es zum Mord an Ill, in *Die Physiker* werden drei Krankenschwestern ermordet.	Zufälle spielen in den Werken Dürrenmatts immer wieder eine besondere Rolle, so vor allem im Drama *Die Physiker*, aber auch in *Besuch der alten Dame* und in *Der Richter und sein Henker*.	Die „mutigen Einzelnen": Dürrenmatts Figuren sind häufig in Schuld verstrickt, stellen sich aber ihrer Verantwortung: Ill, Möbius, Romulus, Bärlach	Essen und Trinken sind ein häufiges Motiv in den Werken Dürrenmatts: So etwa in den Dramen *Die Physiker* und *Besuch der alten Dame*, und in den Erzählwerken *Die Panne* und *Der Richter und sein Henker*.

———

15   Vgl. Dürrenmatt, *Theaterprobleme*, S. 60.

3.1 Entstehung und Quellen

3. TEXTANALYSE UND -INTERPRETATION

3.1 Entstehung und Quellen

ZUSAMMEN-
FASSUNG

→ Dürrenmatts Drama ging die Auseinandersetzung mit Robert Jungks Buch *Heller als tausend Sonnen* (1956) voraus, das sich mit der Atombombe und ihren Konsequenzen sowie dem Lebensschicksal von Atomforschern beschäftigt. Dürrenmatt rezensierte dieses Buch im Dezember 1956 für die *Weltwoche*.

→ Wichtig für die Entstehung war auch die Auseinandersetzung mit Bertolt Brechts Drama *Leben des Galilei* (entst. 1939): Die Unterschiede zwischen beiden Stücken weisen auf ein unterschiedliches Theater- wie auch Geschichtsverständnis hin.

Der Entstehung der Komödie *Die Physiker* geht werkgeschichtlich ein Kabarett-Sketch voraus (*Der Erfinder*, 1949), den Dürrenmatt für das *Cornichon* geschrieben hatte. In der Kabarett-Nummer wird die Atombombe als Moment der totalen Bedrohung der Menschheit gezeigt; sie wird dadurch entschärft, dass ihr Erfinder sie im Dekolletee einer Dame verschwinden lässt.[16] Entscheidender als

---

16 Vgl. Knapp, *Dürrenmatt*, S. 92. Knapp nennt als literarische Bezugspunkte für *Die Physiker* Zuckmayers Physikerdrama *Das kalte Licht* sowie Hans Henny Jahnns Atomstück *Der staubige Regenbogen* (auch unter dem Titel *Die Trümmer des Gewissens*), vgl. ebd., S. 93. Zuckmayers Drama, das kurz nach Beginn des II. Weltkrieges spielt, erlebte 1955 in Hamburg seine Uraufführung. Carl Zuckmayer (1896–1977) zeigt am Beispiel des Kristof Wolters, der als Wissenschaftler in England arbeitet und Geheimnisse über den Fortschritt des Atombombenbaus an die Russen verrät, weil er ein machtpolitisches Ungleichgewicht befürchtet, wenn nur die Engländer und Amerikaner die Atombombe besitzen, einen Menschen, der aus Gewissensgründen seinen Verrat eingesteht, um seine persönliche Verantwortung zu übernehmen. Jahnns Drama wurde erst 1961, nach Jahnns Tod, in Frankfurt uraufgeführt. Hans Henny Jahnn (1894–1959), der sich gegen die Atomkraft und die Wiederbewaffnung der Bundesrepublik wandte, thematisiert in seinem Drama die Bedrohung durch die Atomkraft und die Überwachung der Wissenschaftler im Staatsinteresse. Sein Stück erteilt dem Optimismus und dem Fortschrittsglauben der Wissenschaft eine warnende Absage.

3.1 Entstehung und Quellen

dieser Sketch ist – neben dem weltpolitischen Hintergrund – aber Dürrenmatts theoretische Auseinandersetzung mit dem Thema Atomphysik. Im Folgenden wird deshalb auf einige Werke eingegangen, in deren Kontext Dürrenmatts *Die Physiker* zu sehen ist, nämlich das Sachbuch ***Heller als tausend Sonnen*** von **Robert Jungk**, das dokumentarische Theaterstück ***In der Sache J. R. Oppenheimer*** von **Heinar Kipphardt** sowie **Bertolt Brechts Drama *Leben des Galilei*** (entst. 1939).

Im Dezember 1956 erschien in der Schweizer Zeitung *Die Weltwoche* von Dürrenmatt eine Rezension von Robert Jungks Buch *Heller als tausend Sonnen*. In seinem Sachbuch beschreibt Jungk den Weg zum Bau der Atombombe und die Probleme, vor die sich die Wissenschaftler gestellt sahen. Dabei geht es nicht nur um Probleme wissenschaftlich-technischer Natur, sondern vor allem um die Verstrickungen der Wissenschaftler, die sich aus der politischen Konstellation ergaben: Hitler hatte Europa unter seinem militärischen Stiefel; die Atombombenentwicklung wurde unter der Furcht vorangetrieben, Hitler seinerseits könne diese Bombe bauen lassen, um sie als kriegsentscheidende Waffe einzusetzen. Eine (in gewissem Sinne) tragische Rolle kommt dabei Albert Einstein zu, der, auf Drängen des ebenfalls emigrierten ungarischen Physikers Szilard, den amerikanischen Präsidenten Roosevelt dringlich aufforderte, Gelder für die Entwicklung einer amerikanischen Atomwaffe bereitzustellen.

Robert Jungk: Heller als tausend Sonnen

Unter Leitung von Robert Oppenheimer wird in den USA im Jahre 1942 – unter Beteiligung der Militärs – das „**Manhattan Project**" in Angriff genommen, so der Deckname für das Atombomben-Unternehmen. Unter strengster Geheimhaltung und militärischer Kasernierung beginnen die Amerikaner den Bau einer Atombombe, deren Prototyp am 16. Juli 1945 auf dem Versuchsgelände in Los Alamos zur Explosion gebracht wird, zu einem Zeit-

Bau der Atombombe

3.1   Entstehung und Quellen

punkt also, als Hitler-Deutschland den Krieg längst verloren und
bereits kapituliert hat (8. 5. 1945). Am 6. August 1945 kommt es
zum Abwurf einer Uran-Bombe auf **Hiroshima**, die rund 260.000
Tote und mehr als 160.000 Verletzte zur Folge hat. Drei Tage später, am 9. August 1945, sterben fast 40.000 Menschen durch die
über **Nagasaki** gezündete Plutonium-Bombe. Ebenfalls rund
40.000 zum Teil schwer verletzte Menschen sind die Folge dieses
zweiten Atombombenabwurfs.

Die Versuche Einsteins, die eingeleitete Entwicklung aufzuhal-
ten, scheitern. An die Stelle eines nur vermeintlichen Wettrüstens
(Hitler hatte auf die Raketenbauer in Peenemünde unter W. von
Braun gesetzt, die Atomexperimente unter Leitung von Werner
Heisenberg waren – aus unterschiedlichen Gründen – gescheitert)
trat nun aber ein tatsächliches Wettrüsten, denn der vormalige
Kriegsverbündete, die Sowjetunion, sah sich durch die amerikani-
sche Atombombe bedroht und begann seinerseits mit der Entwicklung eigener Nuklearwaffen (1949: erster Atom-Sprengtest; 1953
erste thermonukleare Versuchsexplosion).[17]

Jungks Forde-
rungen und
Dürrenmatts
Konsequenzen

Jungk zieht aus der von ihm geschilderten Entwicklung in seinem Sachbuch, das rasch zu einem Bestseller wurde, die Konsequenz, auf den weiteren Atomwaffenbau und weitere Forschungen
zu verzichten, da die Menschheit nicht reif genug sei, die Atom-
wissenschaft zu beherrschen und die Wissenschaftler in der Gefahr stünden, von den Militärs vereinnahmt zu werden.

---

[17] Die Entwicklung einer Atomwaffe in Deutschland, an der Werner Heisenberg arbeitete, ver-
zögerte sich durch technische Probleme (u. a. Beschaffung von „schwerem Wasser"), durch
Rivalitäten innerhalb der militärischen und politischen Führung, wohl aber auch durch eine
„Verschleppungstaktik" Heisenbergs. Am Ende des Krieges stellte sich heraus, dass Deutschland
weit davon entfernt gewesen war, eine eigene Atombombe herstellen zu können. Die Tragik
Einsteins liegt u. a. darin, dass der eher pazifistisch eingestellte Nobelpreisträger und zugleich
angesehenste Kopf unter den Kernphysikern mit seinem Votum entscheidend zur Entwicklung
der Atombombe beigetragen hat.

3.1 Entstehung und Quellen

In seiner **Rezension** des Buches von Jungk greift Dürrenmatt bereits Aspekte und Fragestellungen auf, die später zum thematischen Kern seiner Komödie *Die Physiker* werden.

So geht er etwa der Überlegung nach, dass noch im Jahre 1939 **eine kleine Elite von zwölf Wissenschaftlern,** nämlich der internationale Kreis derjenigen, die über das theoretische Wissen im Bereich der Kernphysik verfügten, durch Absprache den Bau der Atombombe hätten verhindern können. Das Verhängnis sieht er darin, dass die Einigkeit der Wissenschaftler durch Hitler zerstört worden sei (was u. a. darauf anspielt, dass ein Teil der – auch deutschen – wissenschaftlichen Elite emigrierte, so Einstein, ein anderer Teil aber im nazistischen Deutschland blieb, so etwa Heisenberg).

Im technischen Erfolg (der Entwicklung der Bombe) sah Dürrenmatt zugleich das Versagen der Wissenschaftler angelegt, die die gesellschaftlichen Folgen ihres wissenschaftlichen Tuns nicht eingeplant und vorausgesehen hatten, so dass in letzter Konsequenz nun andere, Politiker, vor allem aber Militärs, denen sich die Wissenschaftler ausgeliefert hatten, über die Atombombe verfügten.

Brechts *Leben des Galilei* wurde 1938/39 im dänischen Exil verfasst. Den Anstoß zur Verfertigung des Dramas hatte Brecht die Zeitungsmeldung gegeben, dass dem Physiker Otto Hahn die Spaltung des Uran-Atoms gelungen war.

Brechts
Leben des Galilei

Mittelpunktfigur des Dramas ist Galileo Galilei, der um 1600 entdeckt, dass Kopernikus mit seinen Überlegungen, die Erde drehe sich um die Sonne, Recht gehabt hatte. Durch das neue Weltbild sehen sich Staat und Kirche in ihrer Macht bedroht. Vor allem die Kirche glaubt, dass das neue Weltbild Galileis die kirchlichen Dogmen zum Einsturz bringen könnte. Unter Androhung der Folter wird Galilei zum Widerruf seiner Lehre gezwungen. Er beugt sich der Gewalt, schwört seinen Erkenntnissen öffentlich ab, forscht aber insgeheim weiter.

3.1   Entstehung und Quellen

Galilei, so Brechts Ansatz, ist seiner Verantwortung nicht gerecht geworden, weil er den möglichen Fortschritt, auch und gerade den gesellschaftlichen Fortschritt, den die Menschheit durch seine Erkenntnisse hätte machen können, durch seinen Widerruf aufgehalten hat. Galileis wissenschaftliche Erkenntnisse hätten den gesellschaftlichen Wandel positiv beeinflussen können; sein Widerruf ist somit nicht nur ein Verrat an der Wissenschaft, sondern an der Menschheit überhaupt.

Unter dem Eindruck der Atombombenwürfe auf Hiroshima und Nagasaki veränderte Brecht den Schluss seines Dramas und verschärfte die Aussage (14. Bild der sog. „kalifornischen Fassung", die während Brechts Exilaufenthalt in den USA entstanden ist). Brecht lässt seinen Galilei, sich selbst verurteilend, zu seinem Schüler Sarti sagen:

„Ich halte dafür, daß das einzige Ziel der Wissenschaft darin besteht, die Mühseligkeit der menschlichen Existenz zu erleichtern. Wenn Wissenschaftler, eingeschüchtert durch selbstsüchtige Machthaber, sich damit begnügen, Wissen um des Wissens anzuhäufen, kann die Wissenschaft zum Krüppel gemacht werden. (...) Ihr mögt mit der Zeit alles entdecken, was es zu entdecken gibt, und euer Fortschritt wird doch nur ein Fortschreiten von der Menschheit weg sein. Die Kluft zwischen euch und ihr kann eines Tages so groß werden, daß euer Jubelschrei über irgendeine neue Errungenschaft von einem universalen Entsetzensschrei beantwortet werden könnte. – Ich hatte als Wissenschaftler eine einzigartige Möglichkeit. In meiner Zeit erreichte die Astronomie die Marktplätze. Unter diesen Umständen hätte die Standhaftigkeit eines Mannes große Erschütterungen hervorrufen können. Hätte ich widerstanden, hätten die Naturwissenschaftler etwas wie den Hippokratischen Eid der Ärzte

3.1 Entstehung und Quellen

entwickeln können, das Gelöbnis, ihr Wissen einzig zum Wohle
der Menschheit anzuwenden. Wie es nun steht, ist das Höchste,
was man erhoffen kann, ein Geschlecht erfinderischer Zwerge,
die für alles gemietet werden können."[18]

Auf der Folie von Brechts *Galilei* wird Dürrenmatts Ansatz im Kontrast deutlich: Galileis Scheitern ist zunächst ein **persönliches
Scheitern,** durch seinen Mangel an Mut angesichts der Bedrohung durch die Mächtigen verschuldet. Aber Galilei sieht sich am
Beginn eines neuen Zeitalters, in dem mit Hilfe der Wissenschaft
die menschliche Existenz hätte erleichtert werden können; eine
Versöhnung von Wissenschaft und Gesellschaft liegt im Bereich
des Möglichen (die Wissenschaften können die Marktplätze erreichen). Trotz des individuellen Scheiterns Galileis zieht die neue
Zeit unaufhaltsam am Horizont herauf, der negative Held (Galilei)
ist nicht der negative Held einer Tragödie. Galileis Selbstverurtei-
lung beruht darauf, dass er sein Wissen **zurückgehalten** hat: „Ich
habe meinen Beruf verraten. Ein Mensch, der das tut, kann in den
Reihen der Wissenschaftler nicht geduldet werden."[19]

Brechts Galilei
und Dürrenmatts
Möbius: ein
Vergleich

Möbius, der Protagonist Dürrenmatts, macht das, was sich Galilei vorwirft, zum Ansatzpunkt seines Handelns: „Wir müssen unser
Wissen zurücknehmen, und ich habe es zurückgenommen." (S. 74)
Wirft sich Galilei vor, sein Wissen nicht auf die Marktplätze, also in
die Gesellschaft, gebracht zu haben, sieht Möbius die zwingende
Notwendigkeit darin, das Wissen der Gesellschaft vorzuenthalten:
„Wir haben das Ende unseres Weges erreicht. Aber die Menschheit ist noch nicht so weit. Wir haben uns vorgekämpft, nun folgt
uns niemand nach, wir sind ins Leere gestoßen." (ebd.) Dem öf-

———

18 Bertolt Brecht, *Leben des Galilei*, Frankfurt am Main: Suhrkamp, 11. Aufl. 1970, S. 125 f.
19 Ebd., S. 126

3.1   Entstehung und Quellen

fentlichen Raum, der Gesellschaft (symbolisiert im Marktplatz bei Galilei) steht deshalb bei Dürrenmatts Möbius der geschlossene Raum, die Vereinzelung und Vereinsamung gegenüber (symbolisiert im Irrenhaus): „Nur im Irrenhaus sind wir noch frei. Nur im Irrenhaus dürfen wir noch denken. In der Freiheit sind unsere Gedanken Sprengstoff." (S. 75)

Bei Dürrenmatt sind die Physiker bereits jene Zwerge geworden, die Brechts Galilei für die Zukunft voraussieht. Galilei glaubt noch daran, dass die Standhaftigkeit eines Mannes, sein Mut nämlich, „Erschütterungen" (also eine Wende zum Positiven) hätte hervorrufen können; Möbius' Scheitern führt das Misslingen dieses Lösungsweges vor, von Dürrenmatt nicht nur im Drama gezeigt, sondern in der 18. These zu *Die Physiker* ausdrücklich hervorgehoben: „Jeder Versuch eines Einzelnen, für sich zu lösen, was alle angeht, muss scheitern." (S. 93)

Die unterschiedliche Konzeption der Figuren und des Bedingungsgefüges, in das sie bei Brecht und Dürrenmatt gestellt sind, lässt sich einerseits aus ihrer jeweiligen grundsätzlichen Auffassung vom Theater und der Dramatik erklären. Brecht hält, von seinem Geschichtsverständnis ausgehend, die Utopie einer besseren Zukunft immer noch bereit. Dürrenmatt aber sieht, und hier spielt Jungks Buch wiederum eine bedeutende Rolle, die Möglichkeit der Auslöschung jeglicher menschlicher Existenz als Resultat der Blockkonfrontation und der Entwicklung der Waffentechnik im Kalten Krieg.

„Diese neue Situation, ihr zugespitzter Ernst spiegeln sich bei Dürrenmatt (...). Während es in Brechts *Galilei* noch die historische Metapher des Helden gibt, der das Geschick vielleicht wenden könnte, der den Prozess der Geschichte zum Positiven hin zumindest zu beschleunigen vermöchte, zeigt Dürrenmatt

3.1   Entstehung und Quellen

die absolute Ohnmacht seiner Physiker, das Ausweglose ihrer Existenz. Das ist nicht nur Didaktik ex negativo. Der Glaube an die Geschichte scheint nicht nur bei den Bühnenfiguren, er scheint auch beim Autor selbst einer apokalyptischen Beklemmung gewichen zu sein."[20]

Werke im Kontext von Dürrenmatts *Die Physiker*

Auch nach Dürrenmatt beschäftigten sich Dramatiker mit der Problematik der Atomphysik. Als bekanntestes Beispiel kann Kipphardts „In der Sache J. R. Oppenheimer" gelten. Im April 1954 begann vor dem Untersuchungsausschuss der Atomenergiekommission der USA ein Verfahren gegen J. R. Oppenheimer, den Leiter des geheimen „Manhattan Projects" und „Vater der Atombombe". Oppenheimer, dem, wie anderen Wissenschaftlern auch, nach dem Abwurf der Atombomben über Hiroshima und Nagasaki Zweifel an seinem Tun gekommen waren, wurden u. a. Illoyalität, Geheimnisverrat an die Kommunisten und Widerstand gegen den Bau der Wasserstoffbombe vorgeworfen.

Heinar Kipphardt: In der Sache J. Robert Oppenheimer

Ein positiver Ausgang des Verfahrens war für Oppenheimer die Voraussetzung, weiter Berater der Atomenergie-Kommission bleiben zu können. Oppenheimer nahm den ihm angebotenen freiwilligen Rücktritt vom Vorsitz der Kommission nicht an und stellte sich dem Verfahren, um seine Loyalität gegenüber der US-Regierung unter Beweis zu stellen. Die Protokolle des Verfahrens, die im **Mai 1954** veröffentlicht wurden, bilden die Hauptquelle für Heinar Kipphardts dokumentarisches Theaterspiel *In der Sache J. Robert Oppenheimer*, das 1964, also zwei Jahre nach Dürrenmatts *Die Physiker*, seine Uraufführung erlebte.

--- --- ---

20   Mennemeier, S. 184 f.

3.1 Entstehung und Quellen

Der Konflikt der Kernphysiker

An Oppenheimer wird ein zentraler Konflikt der Kernphysiker (der modernen Naturwissenschaftler überhaupt) deutlich. Je weiter sie dabei vordringen, die Gesetze der Natur zu erkennen und sie zu beherrschen, umso weiter schreitet ihre Fremdbeherrschung (durch Politik, das Militär und auch die Industrie) fort. Daraus entsteht der Konflikt, ob die Wissenschaftler, deren Forschungen mit staatlichen Mitteln finanziert werden, diesem Staat die Ergebnisse ihrer Forschungen vorbehaltlos zur Verfügung stellen müssen, auch wenn die Ergebnisse dieser Forschungen das Ende der menschlichen Zivilisation zur Folge haben können. Im Stück steht (wie in der realen Geschichte auch) dem zweifelnden Oppenheimer der fortschrittsgläubige Edward Teller gegenüber (der maßgeblichen Anteil am Bau der Wasserstoffbombe hatte). Teller sieht wissenschaftlichen Fortschritt unter reinen Zweckmäßigkeitsaspekten und geht davon aus, dass jede Forschung zum Negativen und zum Positiven angewendet werden kann. Dementsprechend sieht Teller nicht an erster Stelle die Gefahr der Zerstörung der menschlichen Zivilisation durch die Ergebnisse der Nuklearphysik (Atombombe), sondern die Möglichkeiten einer nahezu unbegrenzten Energiegewinnung in der Zukunft (zivile bzw. industrielle Nutzung der Atomenergie). Was erforscht und angewandt werden kann, soll auch erforscht und angewandt werden dürfen. Eine Umkehr auf halbem Wege ist nicht möglich – so etwa lässt sich das Credo Tellers beschreiben. Oppenheimer dagegen sieht den Verrat an der Wissenschaft darin, dem Staat die Ergebnisse frei Haus zu liefern, ohne die Folgen kontrollieren zu können. Der Widerspruch, in dem sich Oppenheimer befindet, erweist sich als unauflöslich – insofern steht er paradigmatisch für die moderne Wissenschaft.

3.2 Inhaltsangabe

ZUSAMMEN-
FASSUNG

Dürrenmatts Drama spielt in einem Irrenhaus, in das sich der Physiker Möbius zurückgezogen hat, um die Welt vor den Konsequenzen seiner Entdeckung zu schützen, indem er diese als Werk eines Irren ausgibt und sie geheim hält. Zwei seiner Mitinsassen entpuppen sich als Geheimagenten verfeindeter Mächte und als ebenso wenig irre wie Möbius. Möbius gelingt es, die beiden Agenten, die sich sein Wissen aneignen wollen, davon zu überzeugen, mit ihm im Irrenhaus zu bleiben, um die Welt zu retten. Sein Plan geht nicht auf, weil sich die Leiterin des Sanatoriums als wahnsinnig herausstellt und bereits damit begonnen hat, seine Aufzeichnungen und Entdeckungen auszuwerten, um die Weltherrschaft an sich zu reißen. Die „schlimmstmögliche Wendung" (Dürrenmatt) ist damit eingetreten.

Dürrenmatts Komödie ist in zwei Akte eingeteilt. Zwar gibt es keine Gliederung dieser Akte in Szenen, doch lassen sich durch die Auftritte der Figuren Einschnitte markieren. Der besseren Übersichtlichkeit wegen wird die Inhaltsangabe diesen Auftritten nach gegliedert.

I. Akt (S. 15–53)

Im Salon des privaten Sanatoriums *Les Cerisiers* liegt die Leiche der Schwester Irene Straub. Während der Polizist Blocher Fotos vom Tatort aufnimmt, unterhält sich Kriminalinspektor Voß mit der Oberschwester Marta Boll. Das Gespräch wird von einem weiteren Kriminalbeamten (Guhl) mitstenographiert.

Eine Leiche im Sanatorium: Inspektor Voß, Oberschwester Boll (Guhl/Blocher), S. 15–18

3.2   Inhaltsangabe

Tathergang und Täter können leicht ermittelt werden. Schwester Straub ist von einem der Patienten, der Ernst Heinrich Ernesti heißt, sich aber für den Physiker Einstein hält, mit der Schnur einer Stehlampe erdrosselt worden.

Im Verlaufe des Gesprächs merkt Voß an, dass erst vor drei Monaten eine andere Schwester (Dorothea Moser) an gleicher Stelle von einem anderen Insassen ermordet worden ist. Bei dem Täter im Falle Moser handelt es sich um Herbert Georg Beutler, der sich für Newton hält.

Voß will Ernesti sprechen, wird aber von der Oberschwester, die Voß das Rauchen verbietet und ihn auffordert, die Täter nicht Mörder zu nennen, da es sich um Kranke handele, aufs Warten verwiesen, da Ernesti, um sich zu beruhigen, mit der Leiterin des Sanatoriums, Fräulein Dr. Mathilde von Zahnd, zunächst noch Geige spielen müsse.

Zwar wird Voß wütend, weil er warten muss, doch findet er sich mit der Situation ab, weist seine Männer an, die Leiche hinauszuschaffen und – geleitet von der Schwester – den Raum zu verlassen.

Ein Gespräch über moderne Physik: Inspektor Voß/Beutler-Newton, (Blocher), S. 18–24

Herbert Georg Beutler erscheint. Er trägt ein Kostüm und eine Perücke im Stil des beginnenden 18. Jahrhunderts. Voß klärt Beutler über den Tathergang und den Tod der Krankenschwester auf, woraufhin Beutler sein Bedauern ausspricht und zugleich damit beginnt, das Zimmer aufzuräumen, da er, wie er ausführt, als Physiker die Ordnung liebe. Beutler zündet sich eine Zigarette an und holt hinter dem Kamingitter einen Kognak hervor. Mit dem Hinweis, im Sanatorium dürften nur Patienten rauchen, untersagt er dem Inspektor das Rauchen, bietet ihm aber Kognak an. Auf den Tod der Schwester Moser angesprochen, reagiert Beutler mit dem Hinweis, sein Fall läge anders als der von Einstein, denn er sei nicht verrückt und habe die Schwester töten müssen, weil es seine

3.2 Inhaltsangabe

Aufgabe sei, über die Gravitation nachzudenken, und nicht, eine Frau zu lieben.

Als Voß darauf anspielt, dass er (Newton) auch schon recht betagt sei, reagiert Beutler mit dem Hinweis, er sei nicht Newton, sondern Albert Einstein und gäbe sich nur als Newton aus, um Ernesti nicht zu verwirren. Der verunsicherte Inspektor nimmt darauf hin das Du an, das Beutler ihm anbietet.

Beutler erläutert dem Inspektor sein Verständnis von der Wissenschaft. Er stellt die Behauptung auf, die Physiker schrieben die Ergebnisse ihrer Forschungen lediglich in mathematischen Formeln auf, die Techniker aber nutzten sie aus, so dass jeder Esel heute eine Glühbirne zum Leuchten oder eine Atombombe zur Explosion bringen könne. Er verabschiedet sich nach seinem Vortrag von Voß, nicht jedoch, ohne vorher den Kognak zu verstecken.

Blocher erscheint noch einmal, wird aber von Voß darauf hingewiesen, dass er auf Frl. Dr. von Zahnd warten wolle.

Mathilde von Zahnd erscheint und klärt Voß über ihre Familiengeschichte auf. Als Voß, der sich nach dem Verschwinden Beutlers eine Zigarre angesteckt hat, dafür entschuldigt, weist Mathilde von Zahnd die Entschuldigung zurück und lässt sich von Voß Feuer geben, um sich eine Zigarette anzustecken.

Von Voß darauf hingewiesen, dass sich der angebliche Newton in Wahrheit für Einstein halte, weist diese ihn darauf hin, dass Beutler sich in Wirklichkeit doch für Newton halte. Voß führt nun aus, dass die Staatsorgane wegen der zwei Morde beunruhigt seien und verbesserte Sicherheitsmaßnahmen verlangten.

Ernesti erscheint, wird aber von Mathilde von Zahnd zurück ins Bett geschickt. Mathilde von Zahnd verteidigt gegenüber Voß den Ruf ihres Hauses und führt die Taten, von ihr als Unglücksfälle bezeichnet, nicht auf ihr Versagen, sondern auf ein Versagen der Medizin zurück. Voß macht sie darauf aufmerksam, dass es sich

Erster Auftritt Mathilde von Zahnds: Inspektor Voß/Mathilde von Zahnd, (Ernesti-Einstein), S. 24–29

Mathilde von Zahnd/Oberschwester Boll, S. 30-31

3.2 Inhaltsangabe

bei beiden Tätern um Physiker handele und eventuell ein Zusammenhang zwischen ihrem Umgang mit radioaktiven Stoffen und ihren Taten bestehen könne. Mathilde von Zahnd klärt ihn darüber auf, dass im Altbau des Sanatoriums nur noch drei Patienten lebten, nämlich Beutler, Ernesti und Möbius, der ebenfalls ein Physiker sei, sich aber schon seit fünfzehn Jahren im Sanatorium aufhalte und als völlig harmlos einzustufen sei. Sie wird von Voß noch einmal darauf hingewiesen, dass der Staatsanwalt die Einstellung von Pflegern verlange, was Mathilde von Zahnd ihm zusagt. Voß spricht die Hoffnung aus, nicht noch einmal wegen eines Vorfalls im Sanatorium erscheinen zu müssen, und verabschiedet sich.

Oberschwester Boll erhält von Mathilde von Zahnd den Hinweis, dass auf Grund der Forderung des Staatsanwaltes und entgegen der Tradition des Hauses Pfleger eingestellt werden müssen. Den Widerspruch der Schwester lässt Mathilde von Zahnd nicht gelten.

Von Marta Boll erhält sie die Krankenakten des Patienten Möbius mit dem Hinweis, Frau Möbius sei eingetroffen.

Familie Rose kommt zu Besuch: Mathilde von Zahnd, Frau Rose (Möbius/Familie Rose), S. 31–35

Frau Möbius erscheint, weist Mathilde von Zahnd aber sofort darauf hin, dass sie jetzt Rose heiße und ihren Mann, den Missionar Rose, den sie vorstellt, vor drei Wochen geheiratet habe. Missionar Rose sei Witwer gewesen und habe sechs Buben mit in die Ehe gebracht. Sie stellt ihre eigenen drei Kinder, die sich in ihrer Begleitung befinden, Frau von Zahnd vor.

Frau Rose ist gekommen, so teilt sie mit, um endgültig Abschied von Möbius zu nehmen, da ihr jetziger Mann eine Stelle auf den Marianen bekommen habe, wohin sich die Familie nun begeben wolle. Sie erkundigt sich nach dem Gesundheitszustand ihres Exmannes und fragt unter anderem, ob diesem immer noch der König Salomo erscheine. Von Frau von Zahnd wird ihr erklärt, ihr Mann puppe sich weiterhin in seiner Welt ein, und sein Zustand sei unverändert. Als Missionar Rose Möbius als geisteskrank bezeichnet,

3.2 Inhaltsangabe

tadelt ihn die Ärztin für seine Wortwahl und informiert die Familie darüber, dass Möbius von der Scheidung Kenntnis habe.

Frau Rose legt nun die näheren Umstände dar, unter denen sie ihren ehemaligen Mann kennengelernt hat, und fügt hinzu, dass sie den Aufenthalt im Sanatorium nicht mehr finanzieren könne. Frau von Zahnd verspricht, den Aufenthalt von Möbius durch Stiftungsgelder finanzieren zu wollen.

Möbius erscheint. Frau von Zahnd stellt ihm die Besucher vor und geht dann aus dem Raum. Lina Rose (Möbius) präsentiert nun ihrem ehemaligen Mann nacheinander die drei Buben, nennt ihre Namen, ihr Alter und ihre Vorlieben. Der sechzehnjährige Adolf-Friedrich möchte Pfarrer werden, der fünfzehnjährige Wilfried-Kaspar will Philosophie studieren. Als Möbius erfährt, dass der vierzehnjährige Jörg-Lukas Physik studieren will, reagiert er erschrocken und will es ihm mit dem Hinweis verbieten, dieses Studium habe dazu geführt, dass er im Irrenhaus gelandet sei und als verrückt gelte, weil ihm der König Salomo erscheine.

Frau Rose stellt ihrem ehemaligen Mann ihren neuen Gatten, der angeblich alle Psalmen Davids und Salomos kennt, vor und berichtet von ihren Auswanderungsplänen, was Möbius mit Schweigen quittiert. Missionar Rose erklärt, wie sehr er die Buben von Möbius ins Herz geschlossen habe, was Möbius zu dem Kommentar veranlasst, er freue sich, dass seine Buben einen guten Vater gefunden hätten, denn er sei ein ungenügender Vater gewesen.

Zum Abschied sollen die Buben Möbius auf ihren Blockflöten ein Stück von Buxtehude vorspielen, doch alsbald unterbricht Möbius den Vortrag mit der Aufforderung, das Spielen einzustellen. Als er von Missionar Rose darauf hingewiesen wird, dass der König Salomo sich über das Spiel der Knaben freuen würde, eilt Möbius in sein Zimmer, kommt mit einem Tisch zurück, dreht diesen um, setzt sich hinein und trägt den „Psalm Salomos, den

Der Abschied von der Familie: Möbius/Familie Rose, (Mathilde von Zahnd, Oberschwester Boll/ Schwester Monika), S. 35–42

3.2   Inhaltsangabe

Weltraumfahrern zu singen" vor, gelegentlich dabei unterbrochen durch Zwischenrufe der Familie Rose. In diesem „Psalm" schildert Möbius die Reise von Weltraumfahrern ins All, die mit dem Tod aller Beteiligten endet.

Am Schluss seines Vortrages treibt Möbius unter Drohungen und Verfluchungen die Familie Rose zur Tür. Oberschwester Marta, die gegen Ende des Psalms gemeinsam mit Schwester Monika die Bühne betreten hat, geleitet die Familie Rose hinaus.

Möbius wird zum Mörder: Möbius/ Schwester Monika, (Einstein/Newton), S. 43–53

Schwester Monika weist Möbius darauf hin, dass sie allein seien, um ihn dann mit der Erkenntnis zu konfrontieren, dass sie ihn durchschaut habe, weil sie ihn bereits seit zwei Jahre pflege. Ohne langes Zögern gesteht Möbius, dass er den Wahnsinnigen gespielt habe, um seiner Frau die Trennung zu erleichtern. Diesen Auftrag habe er von Salomo erhalten. Als er abgehen will, hält ihn Schwester Monika zurück, weil sie mit ihm zu reden habe.

Sie spricht davon, dass sie von Möbius Abschied nehmen wolle, weil ab dem folgenden Tag Pfleger eingesetzt würden. Möbius sagt, dass sie ihm das Leben erträglicher gemacht habe, dass er aber nun einmal als verrückt gelte, weil ihm das Wunder der Erscheinung Salomos begegnet sei. Schwester Monika offenbart Möbius nicht nur, dass sie an dieses Wunder glaube, sondern dass sie ihn liebe.

Möbius gesteht ihr ebenfalls seine Liebe. Als Einstein erscheint, klären sie ihn über ihre Liebe auf, was Einstein veranlasst, darauf hinzuweisen, dass auch Schwester Irene ihn geliebt habe und von Frau von Zahnd bereits die Bewilligung erwirkt habe, ihn heiraten und das Sanatorium mit ihm verlassen zu dürfen. Dies habe ihm aber lediglich den Ausweg gelassen, sie zu töten. Mit der Aufforderung an Schwester Monika zu fliehen, kehrt er in sein Zimmer zurück.

Mit dem Verweis auf Einstein und das Schicksal von Schwester Irene bezeichnet Möbius Schwester Monika gegenüber ihre Liebe

3.2 Inhaltsangabe

als zum Scheitern verurteilt, was Monika aber nur veranlasst, ihm noch heftiger ihre Liebe und ihren Kinderwunsch zu gestehen.

Monika fordert Möbius auf, den König Salomo nicht zu verraten, sondern für seine Anerkennung zu kämpfen. Sie teilt ihm mit, dass sie bei Mathilde von Zahnd die Entlassung von Möbius bewirkt habe, denn die Ärztin halte ihn für ungefährlich. Des Weiteren klärt sie ihn darüber auf, dass sie bei Möbius' ehemaligem Lehrer, Professor Scherbert, war und dieser ihr zugesagt habe, die Aufzeichnungen von Möbius zu prüfen. Dass ihm Salomo erscheine, hielte Scherbert für eine Schnurre von Möbius, der ihm als Spaßvogel in Erinnerung wäre. Sie fordert Möbius auf, die Sachen zu packen, denn der Zug nach Blumenstein, wohin sie fahren sollen, führe bald. Dann holt sie die Manuskripte von Möbius aus seinem Zimmer. Möbius bittet sie, näher zu kommen. Er reißt den Vorhang des Fensters herunter und erdrosselt Monika.

Newton erscheint, und Möbius teilt ihm mit, dass er Schwester Monika getötet habe.

II. Akt (S. 54–87)

Erneut erscheint Inspektor Voß auf der Szene, die damit beginnt, dass Mathilde von Zahnd ihm eine Zigarre und einen Schnaps anbietet, was Voß aber ablehnt. Während der Gerichtsmediziner sowie die Kriminalisten Bloch und Guhl den Tatort und die Leiche untersuchen, stellt Voß die Parallelität der Ereignisse fest (erneut ein Mord unter Aufbietung großer Körperkräfte). Im Gegensatz zur Anfangsszene des I. Aktes verlangt Voß aber überhaupt nicht, mit Möbius, dem Täter, zu sprechen, sondern will ihn Frau Dr. von Zahnd überlassen. Als diese vom dritten Mord spricht, ist es (eine Umkehrung der Situation im I. Akt) nun Voß, der den Begriff „Mörder" zurückweist.

Ein entspannter Inspektor: Inspektor Voß/Mathilde von Zahnd (Gerichtsmediziner/Bloch/Guhl/Oberpfleger Sievers/Murillo/McArthur), S. 54-58

3.2 Inhaltsangabe

Möbius (Dieter Mann) und Inspektor Voß (Michael Gerber) genehmigen sich einen Kognak, Inszenierung am Deutschen Theater Berlin 2005
© Cinetext/OZ

Zwei „riesenhafte Pfleger" in Begleitung eines ebenfalls „riesenhaften Oberpflegers" beginnen damit, den Tisch für ein Abendessen zu decken. Es handelt sich um das neue Personal des Sanatoriums, den ehemaligen europäischen Meister im Schwergewichtsboxen Sievers (Oberpfleger) sowie Murillo, den südamerikanischen Meister im Schwergewicht, und McArthur, den nordamerikanischen Schwergewichtsmeister im Boxen.

Nachdem der Tisch gedeckt ist, verlassen die Pfleger den Raum. Voß merkt mit Blick auf die aufgetragenen Gerichte an, dass es bei ihm weniger kulinarisch zuginge und zeigt sich beeindruckt über das Personal, das er auch gerne als Mitarbeiter hätte.

3.2 Inhaltsangabe

Möbius erscheint. Auf die Vorwürfe Mathilde von Zahnds erklärt Möbius, König Salomo habe ihm den Mord an Schwester Monika befohlen. Mathilde von Zahnd, bei Voß um Verständnis für ihre angegriffenen Nerven bittend, zieht sich zurück, Blocher, Guhl und der Gerichtsmediziner verlassen ebenfalls den Raum.

Die Gerechtigkeit macht Ferien: Möbius/Voß/Mathilde von Zahnd, S. 58–61

Mit der Anmerkung, er habe sich nun eine Zigarre verdient, beginnt Voß zu rauchen und akzeptiert auch den Kognak, den Möbius hinter dem Kamingitter hervorholt und ihm anbietet.

Möbius bittet Voß, ihn wegen des Mordes an Schwester Monika zu verhaften. Dies weist Voß jedoch mit dem Argument zurück, Möbius habe auf Befehl Salomos gehandelt, da er diesen aber nicht verhaften könne, bliebe Möbius frei. Er fordert Möbius auf, sich zu setzen, und erläutert ihm seine jetzige Handlungsweise. Er habe sich zunächst darüber geärgert, dass er Möbius und die anderen beiden Täter nicht verhaften könne. Nun aber genieße er die Situation, da er drei Mörder mit gutem Gewissen nicht zu verhaften brauche, weil die Gerechtigkeit, die sehr anstrengend sei, Ferien mache. Er wolle und könne nun einfach eine Pause machen, und diesen Genuss verdanke er Möbius und seinen Kollegen. Mit Grüßen an Newton und Einstein sowie den König Salomo beendet Voß das Gespräch und verabschiedet sich von Möbius.

Herbert Georg Beutler (Newton) gesellt sich zu Möbius und zeigt sich verwundert über das aufwändige Abendessen. Als Möbius auf sein Zimmer gehen will, hält ihn Newton zurück. Er macht Möbius auf die neuen Pfleger aufmerksam. Als dieser mit Desinteresse reagiert, eröffnet Newton Möbius, dass er das Irrenhaus verlassen wolle und nicht verrückt sei und er deshalb den neuen Sicherheitsmaßnahmen nicht gleichgültig gegenüberstünde. Er gibt sich Möbius gegenüber als Alec Jasper Kilton zu erkennen („Begründer der Entsprechungslehre") und gesteht Möbius, dass er sich im Auftrag seines Geheimdienstes als Verrückter in das Sa-

Das Gespräch der drei Physiker: Möbius/Newton/ Einstein (Oberpfleger/Pfleger), S. 61–78

3.2   Inhaltsangabe

natorium habe einweisen lassen, um hinter den Grund für Möbius' Verrücktheit zu kommen. Weil Schwester Dorothea die Wahrheit erkannt habe und er seine Mission nicht habe gefährden wollen, habe er sie töten müssen. Kilton (Beutler-Newton) spricht den Verdacht aus, Möbius spiele nur den Verrückten; sein Geheimdienst halte Möbius für den größten Physiker aller Zeiten und seine Theorien für genial und deshalb sei es sein Auftrag, Möbius zu entführen.

Unbemerkt von den beiden anderen ist Ernst Heinrich Ernesti (Einstein) ins Zimmer getreten und erklärt, auch er sei nicht verrückt, auch er habe die Aufzeichnungen von Möbius gelesen, und auch er sei in Wahrheit ein anderer, nämlich Joseph Eisler („Entdecker des Eisler-Effekts") und Mitglied eines Geheimdienstes. Als Newton einen Revolver zieht, tut Einstein plötzlich das Gleiche, und beide halten sich gegenseitig in Schach. Auf Vorschlag Einsteins legen dann beide ihre Waffen hinter das Kamingitter.

Einstein erklärt, dass er Schwester Irene getötet habe, weil auch seine Mission gefährdet gewesen sei. Auf Nachfrage von Möbius gesteht er zu, dass er Möbius gewinnen wolle, für sein Land zu arbeiten. Alle drei Physiker setzen sich an den Tisch und wollen mit dem Essen beginnen, denn Möbius erklärt, dass er nun Appetit habe.

Die Pfleger erscheinen, und der Oberpfleger verkündet, dass Sicherheitsmaßnahmen zu ergreifen seien. Vor dem Fenster werden Gitter heruntergelassen, die verschlossen werden. Als die Pfleger den Raum verlassen, bemerken die drei Physiker, dass alle ihre Räume vergittert worden sind. Nur in gemeinsamer Flucht, so die Auffassung von Einstein, läge für sie jetzt eine Chance, doch Möbius erklärt, dass er das Irrenhaus überhaupt nicht verlasse wolle. Newton entwickelt eine Perspektive für Möbius, wenn dieser sich auf seine Seite schlage. Er stellt ihm den Nobelpreis in Aussicht, gesteht Möbius aber zu, dass nicht Uneigennützigkeit der von ihm

3.2   Inhaltsangabe

vertretenen Macht dabei im Vordergrund stehe, sondern das Interesse an der Auswertung von Möbius' Entdeckungen. Wie nebenbei erklärt dieser, dass er die „Weltformel" und das „System aller möglichen Erfindungen" entwickelt habe. Aufgrund der verheerenden Folgen, die seine Entdeckungen haben könnten, wenn sie in die falschen Hände gerieten, wolle er seine Aufzeichnungen aber nicht zur Verfügung stellen. Einstein will Möbius ebenfalls für sein System gewinnen und dafür, wie er sagt, alle Machtmittel einsetzen.

Als Einstein und Newton sich erheben, um sich mit ihren Waffen zu duellieren, um an Möbius' Aufzeichnungen zu kommen, eröffnet ihnen dieser, dass er seine Manuskripte verbrannt habe, bevor die Polizei erneut erschienen sei. Einstein und Newton stecken wie vernichtet ihre Revolver ein und lassen sich auf dem Sofa nieder.

Möbius trägt Einstein und Newton die Gründe für seine Handlungsweise vor: Kiltons politisches System wolle der Physik zwar die Freiheit lassen, lehne aber die Verantwortung für die Folgen ab; Eislers System betreibe Machtpolitik und beschneide der Physik die Freiheit. Beide Systeme, so führt Möbius aus, böten ihm letztlich ein Gefängnis, da er sich den jeweiligen Interessen unterzuordnen habe, so dass er das Irrenhaus vorzöge, denn dieses biete die Sicherheit, nicht von Politikern ausgenutzt zu werden.

Er habe erkannt, so Möbius, welche schrecklichen Konsequenzen seine Erfindungen zeitigen würden, wenn sie dazu verwendet würden, Waffen zu bauen. Der Umsturz der Wissenschaft und der Zusammenbruch des wirtschaftlichen Gefüges stünden auf dem Spiel, die Wissenschaften seien an die Grenze des Erkennbaren gekommen, und den Physikern bleibe nur noch der Ausweg, ihr Wissen zurückzunehmen.

Möbius fordert Einstein und Newton auf, ihren jeweiligen Auftraggebern mitzuteilen, er sei wirklich verrückt, und den Rest ihrer Tage mit ihm im Irrenhaus zu verbringen. In der Freiheit, so fährt

3.2 Inhaltsangabe

er fort, seien ihre Gedanken Sprengstoff, nur im Irrenhaus seien sie noch frei.

Auf die Proteste von Einstein und Newton reagiert er mit dem Hinweis, sie hätten sich durch die Morde an den Krankenschwestern alle drei schuldig gemacht. Sollen diese Morde und Opfer nicht sinnlos gewesen sein, so hätten sie die Pflicht, gemeinsam im Irrenhaus zu verbleiben.

Nach einer Zeit des Schweigens stimmt zunächst Einstein Möbius zu, dann auch Newton. Die drei Physiker erheben sich nach ihrem Entschluss feierlich, nehmen ihre Gläser, trinken auf die toten Krankenschwestern, bekräftigen ihren Entschluss, wieder in die Rolle von Verrückten zu schlüpfen. Mit den Sätzen „Verrückt, aber weise" (Newton), „Gefangen, aber frei" (Einstein) und „Physiker, aber unschuldig" (Möbius) verabschieden sie sich voneinander, um wieder in ihre Zimmer zu gehen.

Die Pläne der Mathilde von Zahnd: Mathilde von Z./Oberpfleger/ Möbius/Newton/Einstein (Pfleger), S. 78–84

Das im Raum hängende Porträt des Vaters von Mathilde von Zahnd (vgl. S. 24) wird von den beiden Pflegern, die jetzt schwarze Uniformen und Pistolen tragen, durch das Porträt des Generals Leonidas von Zahnd ersetzt. Der Oberpfleger kündigt Mathilde von Zahnd an, dass Generaldirektor Fröben samt seiner Begleitung eingetroffen sei. Mathilde von Zahnd gibt die Anweisung, die drei Physiker aus ihren Zimmern zu holen.

Mathilde von Zahnd konfrontiert die drei Physiker nicht nur mit dem Hinweis auf die neuen Wachen, sondern nennt auch Newton und Einstein bei ihren richtigen Namen. Sie teilt den Physikern mit, dass sie ihre Gespräche abgehört habe, und lässt die Pfleger die Geheimsender der Agenten aus den Zimmern holen. Nach der Mitteilung, dass das Haus von Wachen umstellt und ein Fluchtversuch sinnlos sei, schickt sie die Wärter fort.

3.2 Inhaltsangabe

Sie teilt den Physikern mit, dass sie an den König Salomo glaube, der ihr seit Jahren erscheine. Dieser habe ihr den Befehl gegeben, an Stelle von Möbius, der ihn verraten habe, zu herrschen. Sie habe deshalb die Aufzeichnungen von Möbius kopiert und im Laufe der Jahre einen mächtigen Trust aufgebaut, mit Hilfe dessen sie nun Möbius' „System aller möglichen Erfindungen" auswerten wolle, um so Salomo wieder in sein Recht einzusetzen. Den Hinweis von Möbius, er habe Salomo doch nur erfunden, um seine Entdeckungen unter der Maske des Verrückten geheim halten zu können, schmettert Mathilde von Zahnd mit dem Vorwurf ab, Möbius verleugne Salomo. Sie bestätigt den bei den Physikern keimenden Verdacht, die Krankenschwestern seien Mittel zum Zweck gewesen; ihre Rolle war es, die Physiker zum Mord zu treiben, um so vor der Öffentlichkeit als Wahnsinnige zu gelten, denen man nicht glauben würde, falls es ihnen gelänge, das Sanatorium zu verlassen. Ihr Ziel sei es, so fährt die Ärztin fort, die Welt zu beherrschen, die Kontinente zu erobern und in den Weltraum hinauszufahren.

Als Sievers, der Oberpfleger kommt, um sie zur Sitzung des Aufsichtsrates ihres Trusts zu holen, bleiben die Physiker allein zurück.

Die Komödie endet mit drei Monologen: Bei Newton und Einstein bestehen sie aus biografischen Daten der historischen Figuren, deren Rolle die beiden Physiker angenommen haben; Möbius' Monolog (in der Rolle Salomos) ist ein Abgesang auf den einstmaligen Reichtum Salomos, der jetzt aber über eine tote, radioaktive Welt herrscht und sich deshalb als *armer* König Salomo bezeichnet.

Die Schlussmonologe der Physiker: Möbius/Newton/Einstein, S. 85–87

3.3 Aufbau

ZUSAMMEN-
FASSUNG

→ Der Aufbau des Dramas ist durch die Einheit von Ort, Zeit und Handlung bestimmt.

→ Der dem 1. Akt vorangestellte Nebentext geht über die üblichen Informationen hinaus und arbeitet mit Übertreibungen und Kontrastbildungen.

→ Das Drama ist in zwei Akte unterteilt; jeder Akt hat einen Höhepunkt (Psalm Salomos u. Dialog der Physiker).

→ Der 1. Akt führt alle wichtigen Personen ein und weist typische Krimielemente auf; der 2. Akt führt in die Katastrophe.

→ Kontrast- und Parallelbildungen, Paradoxien und Elemente des Grotesken durchziehen das Drama.

Zeit, Ort, Handlung

Kontinuität der Zeit

Dürrenmatts Komödie wahrt die Einheit der Zeit, des Ortes und der Handlung. Die einsträngig-chronologische Handlung wird nahezu sukzessiv entfaltet; die Chronologie der Ereignisse rollt ohne größere Sprünge vor uns ab; die Handlung setzt am Nachmittag ein („Es ist kurz nach halb fünf nachmittags", S. 14) und endet am frühen Abend („Im Zimmer wird es allmählich dunkel." S. 51). Zwischen dem I. und II. Akt liegt ein kleinerer Zeitsprung. Spielzeit und gespielte Zeit sind also fast deckungsgleich.

Der Handlungsort als Symbolraum

Es gibt nur einen Handlungsort, den Salon der Villa, der aber nicht nur Spielraum, sondern zugleich Symbolraum ist. Dieser Handlungsort ist ein **Innenraum.** Wir blicken in das Innere der Figuren – ihre Gedankenwelt und ihre Abgründe, und wir sehen die Figuren (vor allem Möbius) als von der Außenwelt Abgeschlos-

3.3   Aufbau

sene. Zwar gehen von dem Salon drei Türen in die drei Zimmer der Physiker, doch wird der Bewegungsspielraum der Figuren dadurch nicht ausgeweitet. Die drei Zimmer sind vielmehr Ausdruck einer dreifachen Vereinzelung. Der Innenraum wird zum **Gefängnis** – im konkreten und im übertragenen Sinne. Wenn also im II. Akt die Fenster vergittert werden, so wird auf der Ebene der räumlichen Gestaltung (Herablassen der Gitter) nur das äußerlich nachgeholt und offensichtlich, was die drei Physiker schon längst auszeichnet: Sie sind Gefangene – auch Gefangene ihrer selbst und ihrer hochspezialisierten Wissenschaft. Die an die SS-Uniform erinnernde Bekleidung der Pfleger (das Weiß der Pflegerkittel wechselt zum Schwarz der Uniformen) deutet darauf hin, dass das Gefängnis letztlich zum **Lager** wird. Auch die **Dunkelheit,** die im II. Akt einsetzt, hat eine symbolische Bedeutung und ist mehr als die Widerspiegelung des zeitlichen Übergangs vom Nachmittag zum Abend auf der Ebene des Lichts. Es ist die Dunkelheit des Scheiterns der Figuren und ihrer Pläne, es ist aber auch die Dunkelheit der Zukunft, die der Welt bevorsteht, wenn – auf der Ebene des Dramas – Mathilde von Zahnd ihre Pläne umsetzen kann.[21] Die Ausstattung des Raums (ein bürgerlich-großbürgerliches Inventar) ist in Unordnung, die Möbel sind zerschlissen – wie auch die Welt selbst in Unordnung ist; sie ist ein Irrenhaus geworden und wird uns als Irrenhaus gezeigt.

Der Einheit von Zeit und Ort entspricht die Einheit der Handlung, die ohne Nebenstränge oder Parallelhandlungen auskommt. Dürrenmatt selbst hat das so begründet: „(...) auch den Salon werden wir nie verlassen, haben wir uns doch vorgenommen, die

Isolation der Figuren

---

21 Die drei Physiker werden, während der Raum verdunkelt wird, in „blendendes Scheinwerferlicht" getaucht (S. 81). Diese Scheinwerfer sind einerseits Scheinwerfer eines (Konzentrations-) Lagers. Andererseits erinnern sie an Ödipus, der im Licht der Sonne steht, als er, schon geblendet, weil er seine Schuld erkannt hat, zum letzten Mal vor die Thebaner tritt.

3.3 Aufbau

Einheit von Raum, Zeit und Handlung streng einzuhalten; einer Handlung, die unter Verrückten spielt, kommt nur die klassische Form bei." (S. 11 f.)

Ironischer Verweis auf Aristoteles

Betrachtet man das Drama von seiner Oberflächenstruktur her, hält sich Dürrenmatt tatsächlich an das Regelwerk einer normativen Poetik, die sich mit der Forderung nach den drei Einheiten (Zeit, Ort, Handlung) auf Aristoteles beruft. Doch schon die ironische Begründung Dürrenmatts ist ein Hinweis darauf, dass diese formale Betrachtungsweise der Komödie nicht gerecht wird. Bei dieser Betrachtungsweise

Theater wird als Theater gezeigt

„stehen zu bleiben, hieße, nur die rein formale Seite der aristotelischen Einheit zu sehen und vor allem das Spiel der Physiker als bare Münze nehmen; nein: Das Stück führt das eigene Geschehen als Theater vor, indem es in der Auflösung das Spiel der Physiker auch da, wo sie geistig normal sich aufführen – als bloßes belangloses und überflüssiges Spiel entlarvt. Der Einzelne ist machtlos, das Denkbare wird gedacht von auswechselbaren Figuren, und wer das Denkbare denkt, ist am Ende völlig gleichgültig. Die Illusion erweist sich tatsächlich als Illusion. Damit vollführt die dürrenmattsche Bühne die Umwandlung des in Einsamkeit und Freiheit wissenschaftenden Einzelnen in den Handlanger einer Maschinerie, die er weder kennt noch zu beherrschen weiß. Auf der klassischen Bühne wird der klassische Held demontiert; die Verantwortung, die er übernimmt, ist belanglos geworden. Das Individuum wird ausgemerzt, das Unteilbare wird zerteilt, zergliedert, zerstückelt, Teil einer Maschinerie, funktionierend und ohne die Möglichkeit, noch einzugreifen."[22]

Das bedeutungslose Individuum

---

22 Knopf, S. 107.

3.3 Aufbau

Der einleitende Nebentext

Der dem ersten Akt vorangestellte Nebentext erinnert, vom Umfang her, an die detailgenauen Beschreibungen von Handlungsorten und Figuren, wie wir sie aus naturalistischen Dramen kennen (vgl. etwa Gerhart Hauptmann, *Die Weber*). Dieser Text geht aber über Informationen zum Handlungsort, zur Zeit und zu den Figuren weit hinaus. Er enthält Anweisungen zur Gestaltung der Szene (Position der Requisiten im Raum), führt in die Lebensgeschichte Mathilde von Zahnds ein, erwähnt die Insassen des Sanatoriums, weist auf den Umstand hin, dass drei Monate vor Einsetzen der Bühnenhandlung bereits ein Mord geschehen ist, charakterisiert die Polizeibeamten, weitet den Blick aus bis in die nähere Umgebung des Sanatoriums und enthält (die bereits zitierten) Hinweise auf die klassische Form des Dramas.

Einführung in Ort, Zeit und Handlungselemente

Durchzogen ist dieser Text von einem ironischen Grundton, satirischen Seitenhieben, grotesken Übertreibungen, Anspielungen und dem einen oder anderen Kalauer.

Ironischer Grundton

Schnell wird die eingangs geschilderte **Postkartenidylle der Landschaft**, die mit ihrem See und den Bergen auf Dürrenmatts zeitweiligen Wohnort Ligerz am Bielersee bzw. auf Neuchâtel, wo Dürenmatts Haus über einem See lag, verweisen könnte, durch den Hinweis zerstört, dass *„überflüssigerweise auch noch die Landschaft die Nerven"* beruhigt (S. 11). In grotesker Übertreibung wird behauptet, das Sanatorium beherberge *„die ganze geistig-verwirrte Elite des halben Abendlandes"* (S. 12). Dass die ermordete Krankenschwester *„mehr im Hintergrund"* auf dem Parkett liegt, geschieht, so der Text, *„um das Publikum nicht unnötig zu erschrecken"* (S. 13). Schon diese wenigen Beispiele verdeutlichen, dass es in der Einleitung um mehr geht als eine übliche Skizzierung des Handlungsortes. Wir finden hier bereits Strukturelemente vor, die den Haupttext (die dramatische Handlung und den Figurendialog) kennzeichnen.

3.3   Aufbau

Kontrastbildungen

Der Text arbeitet mit zahlreichen Kontrastbildungen (*„das einst schmucke Nest ... ist nun mit gräßlichen Gebäuden verziert"*, S. 11; die Irren sind **liebenswert** und **leicht zu behandeln,** gleichwohl sind zwei Morde passiert, vgl. S. 13). Diese Kontrastbildungen machen darauf aufmerksam, dass hier nichts so ist, wie es auf den ersten Blick scheint, dass Spielmaterial vor uns ausgebreitet wird, zu dessen Elementen letztlich auch die Zuschauer gemacht werden, mit deren Erwartungen gespielt wird und die dabei getäuscht werden, weil das Erwartete nicht eintrifft, weil uns die Dramaturgie der Ereignisse immer wieder mit neuen Wendungen überrumpelt. Als Sinnbild für diese Strategie kann die Beschreibung der Wände im Salon gelten: Unter der *„hygienischen Lackfarbe"* (der glatten, polierten Oberfläche) kommt *„der darunterliegende Gips zum Vorschein"* (S. 13). Und so kommt bei den Figuren unter der Oberfläche (des ersten Eindrucks) im Laufe des Spiels eine andere Schicht zum Vorschein (die harmlosen Irren sind weder harmlos noch irre, die menschenfreundliche Irrenärztin ist irre und hasst die Menschen).

Spiel mit Erwartungen, Täuschungsmanöver und der falsche Schein

Die **oberflächliche Idylle wird zerstört**, der falsche Schein wird entlarvt – aber erst am Ende des Dramas, wenn es seine schlimmstmögliche Wendung genommen hat, merken wir, dass wir getäuscht worden sind und (mit den drei Physikern) am Abgrund stehen.

Zum inneren Aufbau des Dramas

Betrachtet man den Aufbau des Dramas rein formal, so ergibt sich, dass beide Akte etwa gleich lang sind, dass sich die Szenen mit Möbius und der Familie Rose wegen des eingebauten „Psalm Salomos" im I. Akt und der Dialog der drei Physiker wegen ihrer Länge (II. Akt) von den anderen Szenen abheben und dass im I. Akt alle Hauptfiguren eingeführt werden. Am Ende des II. Aktes steht die „Lösung" (allerdings als Katastrophe).

3.3 Aufbau

Wichtiger als diese formale Beschreibung ist aber der innere Aufbau.

Krimielemente

Der I. Akt weist typische **Elemente eines Kriminalspiels** (einer Kriminalgroteske) auf. Der Akt beginnt mit der kriminalistischen Untersuchung eines Mordes, am Ende des I. Aktes steht ein weiterer Mord. Ein Kommissar nimmt die Ermittlungen auf, wobei die Täter von Anfang an bekannt sind, der Kommissar jedoch das Problem hat, sie nicht verhaften zu können, da sie als Kranke gelten, die für ihre Taten nicht verantwortlich gemacht werden können.

Der II. Akt beginnt ebenfalls mit einem „Krimi-Element". Erneut erscheint der ermittelnde Inspektor, jedoch nur um mitzuteilen, dass er nicht weiter ermitteln wird. Es kommt zu einer **thematischen Wende und Enthüllung:** Der Krimi geht kurzzeitig über in eine **„Agentenstory"** (Einstein und Newton offenbaren sich als Geheimagenten, lüften ihre wahre Identität, nennen ihren Auftrag, Möbius erweist sich ebenfalls nicht als irre, enthüllt die Gründe für sein Handeln), um rasch zum thematischen Kern der Komödie vorzustoßen (Verantwortung der Physiker, Bedrohung der Menschheit), so dass Elemente eines Ideendramas bzw. **Problemdramas** in den Vordergrund rücken. Am Ende des Dialogs der Physiker werden wir mit einer erneuten **Wende** konfrontiert, nämlich mit dem Entschluss von Möbius, Einstein und Newton, gemeinsam in der Irrenanstalt zu bleiben. An dieser Stelle hätte die Komödie ihr Ende finden können, doch Dürrenmatt treibt das Stück über diesen Punkt hinaus, da es noch nicht die „schlimmstmögliche Wendung" genommen hat. Diese **letzte Wendung** ist mit einer abermaligen **Enthüllung** verbunden: Mathilde von Zahnds Wahnsinn wird enthüllt, die Katastrophe ist eingetreten.

Agentenstory: Wende und Enthüllung

Problemdrama: Wende und Enthüllung

Verbunden ist diese Entwicklung mit einer **Dynamisierung**, also einer Temposteigerung. Werden wir in die Pause (nach dem I. Akt) als Theaterzuschauer mit der Frage entlassen, wie das (Mord-)

Dynamisierung

3.3 Aufbau

Geschehen sich wohl weiterentwickeln könnte, so werden wir im II. Akt in rascher Folge mit den Wendungen, die das Stück nimmt, konfrontiert.

> „Über das Spielmoment hinaus sind die unerwarteten Wendungen und Peripetien (...) Mittel der ,Verfremdung'; sie dienen dem Zweck, den Zuschauer an der Identifikation mit den fiktiven Gestalten zu hindern. Identifikation ist nach Dürrenmatts Überzeugung eine Haltung, die ausschließlich der Tragödie ansteht; die Komödie dagegen verlangt ,Distanz' (,Objektivieren')."[23]

Parallelen und Kontraste

Gestaltungselemente, derer sich Dürrenmatt bedient, sind **Parallelen** und **Kontraste**. Schon der **Beginn des II. Aktes** weist eine Parallele zum **Beginn des I. Aktes** auf, auf die der einleitende Nebentext auch ausdrücklich hinweist: „Wieder Polizei. Wieder messen, aufzeichnen, photographieren." (S. 54) Vielfältig aber sind die Kontraste: Inspektor Voß ist zwar müde (vgl. S. 55), wirkt aber insgesamt entspannt statt angestrengt; hat er sich im I. Akt ständig den Schweiß von der Stirn gewischt, ist es nun Mathilde von Zahnd, die schwitzt (vgl. S. 55). Locker und gelöst plaudert Voß mit Möbius, und er ist es, der Möbius auf den hinter dem Kamingitter versteckten Kognak hinweist. Entscheidend ist aber der Wechsel seiner inneren Einstellung: Das Ziel, einen Täter zu verhaften, hat er aufgegeben, denn die Gerechtigkeit mache Ferien.

Auf einige weitere Parallelen soll beispielhaft hingewiesen werden: Drei **Krankenschwestern** verlieben sich in ihre Patienten und werden ermordet; die Krankenschwestern betreiben Kraftsport oder Kampfsportarten; alle drei werden mit ähnlichem Kraftaufwand im gleichen Raum erdrosselt.

---

23 Profitlich, S. 17.

3.3 Aufbau

Auch für **Kontraste** gibt es zahlreiche Beispiele: Verbietet die Oberschwester Inspektor Voß das Rauchen, so wird es ihm von Mathilde von Zahnd erlaubt; verteidigt Mathilde von Zahnd im I. Akt ihre Patienten als „Kranke", so nennt sie die Physiker im Gespräch mit Voß zu Beginn des II. Aktes „Mörder" (und spricht damit die Wahrheit aus). Den Schwestern stehen Pfleger (alle übrigens Boxer, wie die Schwestern Kraftsportler waren) gegenüber, die weiße Kleidung der pflegerischen Berufe steht im Gegensatz zu den schwarzen Uniformen. Auf den entscheidenden Kontrast ist bereits hingewiesen worden: Die scheinbar Irren erweisen sich als psychisch gesund, ihre Ärztin aber ist der personifizierte Wahnsinn.

Ein weiteres Gestaltungselement, in engem Zusammenhang mit den Kontrasten stehend, sind **Paradoxien,** also in sich widersinnige Aussagen oder Verhaltensweisen und Handlungen der Figuren, die aber auf eine höhere Wahrheit hinweisen. Solche Paradoxien finden wir in den Sentenzen der drei Physiker, wenn sie sagen: *Verrückt, aber weise – Gefangen, aber frei – Physiker, aber unschuldig* (vgl. S. 77). Ein Paradoxon besteht darin, dass Möbius aus Vernunftgründen den Irren spielt, dass ein Narr die Welt retten soll (vgl. die Ausführungen von Möbius auf S. 74). Als paradox müssen wir es empfinden, dass aus Liebe (der Schwestern zu den Physikern) Gefahr erwächst, aus der Morde resultieren oder – umgekehrt – dass Möbius Monika Stettler tötet, obwohl bzw. weil er sie liebt und von ihr geliebt wird. Die Vernunft (ein logischer Plan) führt zur Unvernunft, an die Stelle der Logik tritt die Paradoxie.

Paradoxien

Erschütterung der Vernunft

In unmittelbarem Zusammenhang mit den Paradoxien, die unseren Glauben an Logik und Vernunft erschüttern und uns die Welt als eine Welt von Irrationalitäten zeigen, stehen die Elemente des **Grotesken.** Der gesamte I. Akt sowie der Beginn des II. Aktes lassen aus dem Kriminalspiel eine Kriminalgroteske werden, weil die

Elemente des Grotesken

3.3 Aufbau

für ein Kriminalspiel typischen Versatzstücke (Leiche – Täter – Motiv – Kommissar – Detektion) zwar vorhanden sind, aber sinnwidrig in ihr Gegenteil verkehrt werden, denn im üblichen Krimi ist es die Aufgabe des Inspektors, die Ordnung (und sei es die rechtliche) wieder herzustellen, nicht aber der Unordnung freien Lauf zu lassen.

Als grotesk kann es auch empfunden werden, dass ausgerechnet ein Irrenhaus zum Ort der Rettung der Welt werden soll. Und ganz und gar als groteske Figur ist Mathilde von Zahnd angelegt, wenn sie („still und fromm", S. 84) vorträgt, wie König Salomo sie, die *alte bucklige Jungfrau*, auserwählt hat, um über die Welt zu herrschen (vgl. S. 84 f.). Im Grotesken, das Gegensätze und Unvereinbares vereinigt (Komisches und Grausames, Heiteres und Bedrohliches, Närrisches und Sinnhaftes) offenbart sich ein Blick auf die Welt, der uns ihre Unordnung zeigt, der uns das Unfassbare erfassen lässt und uns dadurch verunsichern kann und verunsichern soll. Die Paradoxien und grotesken Elemente in Dürrenmatts Komödie sind deshalb mehr als Theatermittel, die uns zum Lachen bringen sollen. Sie tragen in der Dramaturgie auch dazu bei, uns „der Wirklichkeit auszusetzen" („Punkt 21 zu den *Physikern*", S. 93), indem sie zu einer vielleicht heilsamen Verunsicherung beitragen.

Ein Blick auf die Welt

3.3   Aufbau

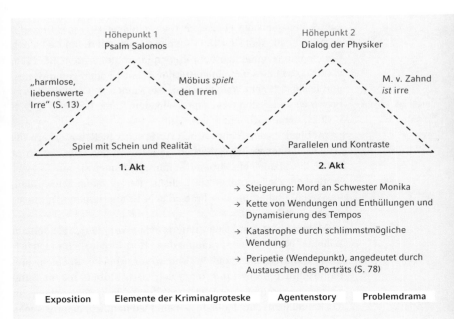

Der Psalm Salomos – Möbius' „Programm"[24]

Jeder der beiden Akte weist einen Höhepunkt auf. Im II. Akt ist es (der schon von seiner Länge her herausragende) Dialog der drei Physiker. Auf mehreren Ebenen stellt der „Psalm Salomos" (als „Kern" der Rose-Szene) den Höhepunkt des I. Aktes dar. Seine Besonderheit ergibt sich dadurch, dass hier ein lyrisches Element in das Drama eingefügt worden ist. Psalmen sind ursprünglich Lieder

---

24 Die folgenden Ausführungen lehnen sich weitgehend an die Interpretation des „Psalm Salomos" an, die enthalten ist in Bernd Matzkowski, *Wie interpretiere ich Lyrik?* Hollfeld: Bange Verlag, 2. Aufl. 1998, S. 96–100.

3.3 Aufbau

Inhalt des Psalms

zum Saitenspiel oder *Flötenspiel* (das Flötenspiel der drei Buben!). Im Alten Testament sind 150 Psalmen gesammelt (religiöse Lieder, Gebete und Hymnen der hebräischen Literatur aus dem 10.–2. Jh. v. Chr.). Zwei dieser Psalmen (Psalm 72, eine Lobpreisung Gottes, und Psalm 127, ein Wallfahrtslied, das Kinder als Gabe des Herrn preist) werden Salomo zugesprochen, dem König Israels (972–932 v. Chr.), der als besonders weise gilt.[25]

Möbius' Psalm schildert den Aufbruch von Raumfahrern ins Weltall. Immer weiter entfernen sie sich von der Erde. Auf ihrer Reise, die letztlich ins Nirgendwo führt, begegnen sie nur Tod und Verderben. Ziellos treiben sie, selbst schon zu Mumien geworden, im Weltall umher, in „den Fratzen kein Erinnern mehr/An die atmende Erde" (S. 42).

Möbius trägt den Psalm, unterbrochen von den „Aber Johann Wilhelm"-Rufen seiner Frau und den „Herr Möbius"- und „Papi"-Rufen des Missionars und der Buben, vor, wobei er in einem zum Raumschiff umfunktionierten Tisch sitzt. Möbius macht seine Skepsis gegenüber dem Fortschritt der Technik, festgemacht an der Raumfahrttechnologie, in seinem Lied deutlich, das aus **sechs unterschiedlich langen Versgruppen mit insgesamt 27 Zeilen** besteht. Die einzelnen Versgruppen beschreiben den Weg der Raumfahrer von der Erde in den Weltraum und in die endgültige Katastrophe. Befinden sich die Weltraumfahrer zunächst noch in unserem Sonnensystem (die Reihenfolge der Planeten wird genannt), so treiben sie am Ende ihrer Fahrt orientierungslos auf namenlose Sterne zu, ohne sie jedoch zu erreichen. Das Weltall er-

---

25 Lektüretipp: Stefan Heym, *Der König David Bericht* (München 1972). In seinem Roman wirft Heym einen etwas anderen Blick auf den „weisen Salomo", der einem Geschichtsschreiber den Auftrag gibt, einen Bericht über König David zu erstellen, um seine eigene Herrschaft zu legitimieren. Salomo ist bei Heym ein Willkürherrscher und Usurpator der Macht. In parabolischer Verfremdung übt Heym in seinem Roman Kritik an den Praktiken des Stalinismus.

3.3 Aufbau

weist sich als feindlich und todbringend, die Menschen kommen, je weiter sie sich von der Erde entfernen, ihrem Verderben immer näher. Möbius verwendet als Sprecher die 1. Person Plural („Wir hauten ins Weltall ab"), spricht also aus der Perspektive des Weltraumfahrerkollektivs (das aber stellvertretend für die gesamte Menschheit steht).

Absage an den Fortschrittsglauben

Im semantischen Bereich ist das Wortfeld Tod dominierend (versinken, verrecken, verkochen, aufgefressen werden, Mumien), wobei hinsichtlich der Todesarten eine Steigerung zu erkennen ist (je weiter sich die Menschen von der Erde entfernen, umso schrecklicher ist der Tod). Ein weiteres Wortfeld wird durch die Namen der Planeten eröffnet (Mars, Merkur etc.), wobei ihnen negativ besetzte Begriffe zugeordnet sind (Wüsten des Mondes, Bleidämpfe des Merkur, Ölpfützen der Venus), die ihre todbringenden Eigenschaften in drastischen Bildern ausmalen („Sogar auf dem Mars fraß uns die Sonne donnernd, radioaktiv und gelb."). Lediglich der Erde werden Eigenschaften zugesprochen, die auf „Leben" verweisen („atmende Erde"). Fortschritt wird zum Fort-Schreiten von dem einzigen Planeten, der Menschen einen Lebensraum bieten kann.

Wortfelder und Sprachebenen

Die Sprache umfasst umgangs- und vulgärsprachliche Elemente (abhauen, verrecken, vollkotzen, Fratzen, fressen) und setzt auf Schockeffekte sowie sprachspielerische Elemente („abgetrieben trieben wir in die Tiefen hinauf"). Der „Psalm" ist in freien Rhythmen verfasst und weist im syntaktischen Bereich Ellipsen, Reihungen und Inversionen auf.

Im Kontext des Dramas ist der „Psalm" polyfunktional und baut ein komplexes Bedeutungsgefüge auf:

3.3   Aufbau

Funktionen des Psalms

→ Die *szenische Funktion* besteht darin, dass Möbius den Kontakt zu seiner Familie endgültig abbrechen will, indem er seinen Wahnsinn unter Beweis stellt. Zugleich will er damit seinen jüngsten Sohn davon überzeugen, nicht Physik zu studieren (siehe hierzu auch Möbius' Kommentare gegenüber Schwester Monika).

→ Die *dramaturgische Funktion* liegt in der Gestaltung einer grotesken Situation. Der Gehalt des Gedichtes, der Zweifel am Fortschrittsoptimismus, steht im Kontrast zur sprachlichen Gestaltung mit ihren vulgären Elementen und zur szenischen Präsentation (ein genialer Physiker, in einem umgedrehten Tisch sitzend, spielt den Irren und trägt diesen Text drei Buben vor, die jämmerlich Blockflöte spielen).

→ Hinsichtlich der *kompositorischen Funktion*, also auf den Fortgang und Aufbau der Handlung bezogen, schafft der Vortrag von Möbius erst die Voraussetzung für die „schlimmstmögliche Wendung" (Abbruch der Außenkontakte, Auslieferung an Mathilde von Zahnd). Während Möbius durch den Vortrag seine Familie von seinem Wahnsinn überzeugt, ist es paradoxerweise dieser Vortrag, der Schwester Monika veranlasst, Möbius zu gestehen, dass sie ihn liebt (die Trennung von der Familie eröffnet die Möglichkeit eines gemeinsamen Lebens in Freiheit und zugleich die Veröffentlichung seiner Forschungen). In der Folge tötet Möbius Schwester Monika und verstrickt sich in Schuld.

→ Die *inhaltlich-programmatische Funktion* besteht in dem Abgesang auf den Fortschritt und den Zweckoptimismus eines rein technisch-rational orientierten Denkens. Es wird die Frage verneint, ob alles, was machbar ist, auch wünschenswert und sinnvoll ist.

3.3 Aufbau

Für Gott ist, ganz im Gegensatz zu den Psalmen bei Salomo, in diesem Psalm kein Platz. Aus der „Wallfahrt" zu Gott (Psalm 127) ist eine Irrfahrt in den Tod geworden. Wenn Mathilde von Zahnd im II. Akt davon spricht, dass sie das „Sonnensystem ausbeuten, nach dem Andromedanebel fahren" wolle (S. 85), wird Möbius' negative Utopie im „Psalm Salomos" zum Programm erhoben.

In diesem Kontext ist auch der Schlussmonolog von Möbius zu sehen. Hier greift er das Salomo-Thema erneut auf. Newton und Einstein identifizieren sich mit den vorher nur als Maske angenommenen Biografien der beiden Wissenschaftler und tragen Daten aus deren Leben und ihre wissenschaftlichen Leistungen vor. *Möbius wird zu Salomo*, weil sein Plan gescheitert ist, die Welt zu retten. Sein vermeintlich durchdachter Plan wurde zum Fehlschlag, seine vermeintliche Weisheit führte ins Unglück. Seine letzten Worte sind deshalb: „Ich bin Salomo, ich bin Salomo, ich bin der arme König Salomo." (S. 87)

3.4 Personenkonstellation und Charakteristiken

ZUSAMMEN-FASSUNG

Die vier Hauptfiguren sind Möbius, Newton, Einstein und Mathilde von Zahnd. Wir stellen diese vier Figuren ausführlich vor und gehen auf weitere Figuren ein.

Möbius:

→ Genialer Physiker, der den Irren vortäuscht.

→ Er will die Welt retten, indem er seine Aufzeichnungen vernichtet und sich im Sanatorium isoliert.

→ Sein Plan scheitert, weil seine Aufzeichnungen Mathilde von Zahnd in die Hände fallen.

→ Er versagt persönlich, als er Schwester Monika ermordet, die seinen Plan gefährdet.

Newton und Einstein:

→ Beide sind Physiker und Geheimagenten, die aber unterschiedlichen Systemen dienen.

→ Um ihre Pläne umzusetzen, werden beide zu Mördern.

→ Beide lassen sich letztlich von Möbius davon überzeugen, ihre Pläne nicht zu verfolgen, um gemeinsam die Welt zu retten.

Mathilde von Zahnd:

→ Die Leiterin des Sanatoriums ist Spross einer bekannten Familie.

→ Sie gibt sich zunächst (1. Akt) als fürsorgliche Ärztin aus, erweist sich aber im 2. Akt als machthungrig und wahnsinnig.

→ Sie strebt die Weltherrschaft und die Eroberung des Weltraums an.

3.4   Personenkonstellation und Charakteristiken

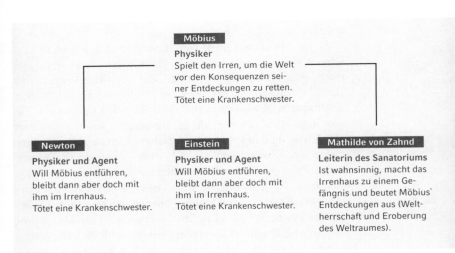

Möbius

Physiker
Spielt den Irren, um die Welt vor den Konsequenzen seiner Entdeckungen zu retten. Tötet eine Krankenschwester.

Newton

Physiker und Agent
Will Möbius entführen, bleibt dann aber doch mit ihm im Irrenhaus. Tötet eine Krankenschwester.

Einstein

Physiker und Agent
Will Möbius entführen, bleibt dann aber doch mit ihm im Irrenhaus. Tötet eine Krankenschwester.

Mathilde von Zahnd

Leiterin des Sanatoriums
Ist wahnsinnig, macht das Irrenhaus zu einem Gefängnis und beutet Möbius` Entdeckungen aus (Weltherrschaft und Eroberung des Weltraumes).

Alle wesentlichen Figuren der Komödie tauchen bereits im I. Akt auf, doch sehen wir die titelgebenden Protagonisten, die drei Physiker, erst im II. Akt gemeinsam auf der Bühne. Allerdings gehört ihnen die umfangreichste „Szene" des gesamten Dramas überhaupt. Erst im II. Akt wird die wahre Identität der drei Physiker enthüllt; ihr Wahnsinn wird als Maskerade offenbart, ihr Spiel mit falschen und doppelten Identitäten wird als taktisches Manöver enttarnt. Auch Mathilde von Zahnd erscheint erst im II. Akt als die, die sie wirklich ist. Aus der Irrenärztin wird die irre Ärztin. Eine Entwicklung bzw. Veränderung ist auch bei Inspektor Voß zu registrieren, der sich im II. Akt damit abfindet, dass er seine „Mörder" nicht verhaften kann und die Gerechtigkeit „Ferien machen" lässt. Eine Charakterisierung der Figuren muss deshalb die Veränderungen vom I. zum II. Akt sowie den Unterschied von gespielter und wahrer Identität berücksichtigen.

Spiel mit Identitäten

3.4   Personenkonstellation und Charakteristiken

Möbius

Schon der erste Auftritt von Möbius beginnt mit einer Täuschung, wenn es im Nebentext heißt, Möbius sei ein „vierzigjähriger, etwas unbeholfener Mensch", und wenn sein Verhalten als „unsicher" gekennzeichnet wird (vgl. S. 35 f.). Nun mag Möbius in Alltagsdingen vielleicht unbeholfen sein (die Komödie lässt das allerdings offen), im Verlaufe der Handlung erweist er sich aber als **zielstrebig und keinesfalls unsicher**. Dürrenmatt bedient mit dieser Angabe wohl eher das Klischee vom „zerstreuten Professor" und das des geistig verwirrten Patienten. Er legt somit eine Falle aus, in die wir (gemeinsam mit der Familie Rose) stolpern sollen.

Zur Biografie von Möbius

Aus den Angaben von **Möbius' ehemaliger Frau Lina** und aus seinen eigenen Aussagen kann man so etwas wie eine Biografie von Möbius erstellen. Seine ehemalige Frau hat er als fünfzehnjähriger Gymnasiast („Waisenbub und bitter arm", S. 33) im Hause ihres Vaters kennengelernt, wo er eine Mansarde angemietet hatte. Seine Frau, die er gegen den Willen ihrer Eltern an seinem zwanzigsten Geburtstag geheiratet hat, hat ihm Schule und Studium sowie die Arbeit an seiner Dissertation finanziert. Vier Jahre nach der Hochzeit wurde Adolf-Friedrich, der älteste der drei Söhne, geboren. Zu dem Zeitpunkt, an dem eine Professur in Aussicht stand, wurde Möbius (vermeintlich) krank. Die **Unterbringung im Sanatorium** zwang seine Frau dazu, seine Versorgung und die der Familie durch weitere Berufstätigkeit (bei „Tobler", S. 34) zu gewährleisten (vgl. S. 33 f.).

Möbius' moralisches Dilemma

Was Lina Möbius (Rose) als Ausbruch von Möbius' Krankheit schildert, ist aber nicht mehr und nicht weniger als der erste Akt des von Möbius angelegten Täuschungsversuchs, dem während seiner Arbeit zu Bewusstsein gekommen ist, welche **Folgen seine Entdeckungen** haben könnten, wenn sie zur Waffenproduktion eingesetzt würden. Das unmoralische Handeln gegenüber der Familie (er lässt Frau und Kinder im Stich, seine Frau muss gewaltige

3.4 Personenkonstellation und Charakteristiken

Summen für seinen Aufenthalt im Sanatorium aufbringen), recht-fertigt Möbius mit der Einsicht in die schrecklichen Möglichkeiten, die seine Entdeckungen eröffnen:

> „An der Universität winkte Ruhm, in der Industrie Geld. Beide Wege waren zu gefährlich. Ich hätte meine Arbeiten veröffent-lichen müssen, der Umsturz unserer Wissenschaft und das Zu-sammenbrechen des wirtschaftlichen Gefüges wären die Folgen gewesen. Die Verantwortung zwang mir einen anderen Weg auf. Ich ließ meine akademische Karriere fahren, die Industrie fallen und überließ meine Familie ihrem Schicksal. Ich wählte die Narrenkappe." (S. 73)

"Ich wählte die Narrenkappe"

Wenn Möbius hier von seiner Verantwortung spricht, so meint er die Verantwortung für die gesamte Menschheit, der er durch sei-nen Weg der Selbstisolation gerecht werden wollte. Um dieses höheren Zieles willen gerät er in das **Dilemma**, sich unmoralisch den Einzelnen gegenüber verhalten zu haben und verhalten zu müssen. Dieses unmoralische Verhalten ist zunächst gegenüber der Familie zu konstatieren, besonders aber gegenüber seiner Frau, die ihm Schule, Ausbildung und wissenschaftliche Forschun-gen überhaupt erst ermöglicht hat und noch dazu die Erziehung der drei Kinder allein auf sich nehmen musste.

Möbius' Verantwortung und Schuld

Eine weitere Konsequenz seines Entschlusses ist der **Mord an Schwester Monika**, der aus seiner Sicht unabdingbar war, um seinen Plan nicht zu gefährden. Wie die beiden anderen Physiker auch tötet er einen Menschen **für einen „höheren Zweck"**. Bei Newton und Einstein ist es ihre Mission im Auftrag des jeweiligen Systems, bei Möbius ist es sein Plan zur Rettung der Welt. Möbius unterscheidet sich von Newton und Einstein dadurch, dass er sei-ne persönliche Schuld eingesteht:

3.4 Personenkonstellation und Charakteristiken

„Wer tötet, ist ein Mörder, und wir haben getötet. Jeder von uns hatte einen Auftrag, der ihn in diese Anstalt führte. Jeder von uns tötete seine Krankenschwester für einen bestimmten Zweck. (...) Töten ist etwas Schreckliches. Ich habe getötet, damit nicht ein noch schrecklicheres Morden anhebe." (S. 75)[26]

Möbius' Plan erwächst aus der Einsicht in die möglichen Konsequenzen seiner Forschung. Konnte Brechts Galilei, der auf den Gebieten der Optik und Mechanik tätig war, noch davon ausgehen, dass die Ergebnisse seiner Forschungen und deren praktische Umsetzung dem Wohl der Menschen dienen konnten, so sieht Möbius durch seine Forschungen die Möglichkeit der Apokalypse auf die Menschheit zukommen. Sein Eskapismus, seine Flucht **vor der Wirklichkeit in das Irrenhaus**, erfolgt aus Sorge um die Welt und das Ende allen Lebens: „Es gibt Risiken, die man nie eingehen darf: der Untergang der Menschheit ist ein solches. Was die Welt mit den Waffen anrichtet, die sie schon besitzt, wissen wir, was sie mit jenen anrichten würde, die ich ermögliche, können wir uns denken." (S. 73) Macht sich Brechts Galilei den Vorwurf, sein Wissen zurückgehalten zu haben, besteht Möbius' Plan genau darin, sein Wissen der Menschheit vorzuenthalten:

Möbius´ Eskapismus

---

26 Ob diese Einsicht in seine Schuld der Grund dafür ist, dass Möbius (im Gegensatz zu den beiden anderen Physikern) Inspektor Voß auffordert, ihn zu verhaften, muss offen bleiben (vgl. S. 60). Immerhin besteht auch die Möglichkeit, dass Möbius die Isolation im Sanatorium lediglich gegen die Isolation im Gefängnis austauschen will. Aus dramaturgischen Gründen, nämlich um die schlimmstmögliche Wendung einzuleiten, ist es nötig, dass Möbius mit seiner Bitte auf einen Inspektor trifft, der aus seinen bisherigen Erfahrungen die Konsequenz gezogen hat, Möbius nicht mehr verhaften zu wollen.

3.4   Personenkonstellation und Charakteristiken

> „Unsere Wissenschaft ist schrecklich geworden, unsere Er-
> kenntnis tödlich. Es gibt für uns Physiker nur noch die Kapitula-
> tion vor der Wirklichkeit. Sie ist uns nicht gewachsen. Sie geht
> an uns zugrunde. Wir müssen unser Wissen zurücknehmen,
> und ich habe es zurückgenommen." (S. 74)

Möbius muss allerdings einsehen, dass sein Plan scheitert. Zunächst ist es Schwester Monika, die seine Pläne durchkreuzt, weil
sie ihn in die Welt zurückführen will und an seine Forschungen
glaubt. Kann er dies noch durch die Ermordung Monikas stoppen,
so durchkreuzen Newton und Einstein als Nächste seinen Plan.
Immerhin gelingt es ihm, die beiden Agenten zum gemeinsamen
Verbleiben im Irrenhaus zu bewegen. Deshalb trifft ihn die Tatsache, dass seine Aufzeichnungen in die Hände der Irrenärztin fallen, umso härter, weil er in einem Moment damit konfrontiert wird,
in dem er glaubt, seinen Plan durchhalten zu können.

Möbius´ Scheitern

   Mit guter Absicht, wenn auch mit Schuld beladen, hat er gehandelt; sein Ziel hat er aber verfehlt. Ihm bleibt nichts als das Einge-
ständnis seines Scheiterns: „Was einmal gedacht wurde, kann
nicht mehr zurückgenommen werden." (S. 85) Dürrenmatt liefert
im „18. Punkt zu den *Physikern*" eine mögliche Erklärung für dieses Scheitern: „Jeder Versuch eines einzelnen, für sich zu lösen,
was alle angeht, muß scheitern." (S. 93) [27]

„Was einmal gedacht wurde, kann nicht mehr zurückgenommen werden."

---

27 Zum Verständnis dieser These im Kontext der „21 Punkte zu den *Physikern*" merkt Mennemeier
kritisch an: „(...) aber was in diesem kleinen dramaturgischen Manifest sichtbar wird, ist nicht
die Überzeugung von der Intelligenz der Kollektive und der Machbarkeit der Geschichte, sondern die Fixierung spätbürgerlichen Geistes auf die Macht des Zufalls und des Paradoxen in der
Geschichte." (Mennemeier, S. 188)

3.4   Personenkonstellation und Charakteristiken

Newton und Einstein

Newton-Beutler-Kilton

Der Patient **Herbert Georg Beutler**, Bewohner des Zimmers Nummer 3, der sich als Sir Isaac **Newton** ausgibt und in Wirklichkeit der Geheimagent und Physiker **Alec Jasper Kilton** ist, begegnet uns als erster der drei Physiker. Er tritt in „einem Kostüm des beginnenden achtzehnten Jahrhunderts mit Perücke" auf (S. 18).[28] Kilton bezeichnet sich selbst als „Nicht-Genialer" (S. 68), hat aber in Physiker-Kreisen einen Namen, denn Möbius kennt ihn als den Begründer der „Entsprechungslehre". Kilton hat im Lager seines Geheimdienstes unter großen Mühen die deutsche Sprache gelernt; er bezeichnet den Auftrag, hinter das Geheimnis von Möbius' Verrücktheit zu kommen, als „geheimstes Unternehmen" seines Geheimdienstes (S. 63). Um dieses Unternehmen nicht zu gefährden und seine Verrücktheit unter Beweis zu stellen, hat er Schwester Dorothea ohne jegliche Skrupel getötet. Ebenfalls ohne Skrupel betreibt Kilton wissenschaftliche Forschung; er betont die Freiheit der Forschung, lehnt aber die Verantwortung für die Ergebnisse ab: „Es geht um die Freiheit unserer Wissenschaft und um nichts weiter. Wir haben Pionierarbeit zu leisten und nichts außerdem. Ob die Menschheit den Weg zu gehen versteht, den wir ihr bahnen, ist ihre Sache, nicht die unsrige." (S. 70) Letztlich hat er überhaupt keine Überzeugungen, auch keine politischen, wenngleich er deutlich als Vertreter einer westlichen Macht gekennzeichnet ist, denn im Gespräch mit Möbius und Einstein formuliert er: „Um den größten Physiker aller Zeiten in die Gemeinschaft der Physiker zurückzu-

Wissenschaft ohne Verantwortung

---

28   Diese Kostümierung hat zu allerlei Überlegungen Anlass gegeben. So heißt es z. B. bei Manfred Durzak: „Dürrenmatt lässt Newton im Kostüm des frühen achtzehnten Jahrhunderts auftreten, um damit nach außen hin seine schizophrene Identifikation mit der historischen Figur Newtons zu unterbauen. Nun legt aber der klinische Befund eines Schizophrenen keineswegs nahe, dass die historische Kostümmaskerade notwendig ist und von realen Schizophrenen tatsächlich gebraucht würde." (Durzak, S. 120) Es mag die Frage erlaubt sein, ob es Dürrenmatt darauf ankam, Newton als einen „realen Schizophrenen" auf die Bühne zu bringen oder ob er hier nicht lediglich auf einen Knalleffekt (Kostümeffekt) setzen wollte.

3.4 Personenkonstellation und Charakteristiken

führen, ist mir jeder Generalstab gleich heilig." (S. 70) Newtons
Einstellung zur Wissenschaft ist rein pragmatischer und utilitaristi-
scher Natur: Das, was erforscht werden kann, soll erforscht werden;
das, was dabei von Nutzen ist, soll getan werden. Und wie es für
seinen Auftrag von Nutzen war, Schwester Dorothea zu töten, ist er
auch bereit, Möbius zu entführen und sich mit Einstein zu duellieren. Zwar hat er – als Wissenschaftler – eine gewisse Hochachtung
vor Möbius und erkennt dessen Genialität an, doch ist Möbius für
ihn letztlich nur Mittel zum Zweck. Dies kommt freiwillig-unfreiwil-
lig in der verdinglichten Sprache zum Ausdruck, wenn er zu Möbius sagt: „Kommen Sie mit mir, in einem Jahr *stecken wir Sie* in einen
Frack, *transportieren Sie* nach Stockholm, und Sie erhalten den Nobelpreis." (S. 68, *Hervorhebung* von mir, B. M.)

Mord ohne Skrupel

Nur auf den ersten Blick scheint **Einstein** als Kontrastfigur zu
Newton angelegt zu sein. Der Pfeifenraucher und Geigenspieler
Einstein, Bewohner des Zimmers Nummer 2, der sich als **Ernst-
Heinrich Ernesti** ausgibt, aber der Physiker und Agent **Joseph
Eisler** ist (Entdecker des „Eisler-Effekts" und seit 1950 angeblich
verschollen), spricht der Wissenschaft, ganz im Gegensatz zu Newton, nicht die Verantwortung ab. Doch diese Verantwortung besteht für ihn in der Verpflichtung einem politischen System und
seinen militärischen Zielen gegenüber. Verantwortung als individuelle Verantwortung sieht er für sich nicht. Auf die Frage von
Möbius: „Können Sie die Partei im Sinne Ihrer Verantwortung lenken, oder laufen Sie Gefahr, von der Partei gelenkt zu werden?",
kann er nur antworten: „Möbius! Das ist doch lächerlich. Ich kann
natürlich nur hoffen, die Partei befolge meine Ratschläge, mehr
nicht." (S. 73) Einstein betreibt Wissenschaft im Kontext einer
Machtpolitik und eines politisch-ideologischen Systems, dem er
sich verpflichtet fühlt und dem er sich letztlich ausgeliefert hat.

Einstein-Ernesti-Eisler

Delegation der Verantwortung an ein System/eine Partei: Macht-politik

3.4   Personenkonstellation und Charakteristiken

Auch Einstein hat (s)eine Krankenschwester getötet, als er seine Mission gefährdet sah; auch er ist bereit und willens, Möbius notfalls mit Gewalt zu entführen und sich zu diesem Zweck mit Newton zu duellieren. Auch Einstein ist bereit, über Leichen zu gehen, um seine Mission nicht zu gefährden.

Möbius´ Abgrenzung von Newton und Einstein: die Verantwortung des Einzelnen

Möbius grenzt sich von Newton und von Einstein ab; er verweist beide auf ihre individuelle Verantwortung und erteilt sowohl dem Pragmatismus und der „anything-goes"-Mentalität Newtons als auch dem ideologischen System Einsteins eine Absage. Er beharrt auf der Freiheit der Entscheidung des Einzelnen (gegen Einstein gerichtet, der seine Freiheit an ein System bzw. die es repräsentierende Partei delegiert hat) und betont zugleich die Verantwortung des Einzelnen für sein Tun und für die Gesamtheit (gegen Newton gerichtet, der eine individuelle Verantwortung für sein Handeln ablehnt). Er, der bei seinem ersten Auftritt als „unbeholfener Mensch" und „unsicher" eingeführt wird, überzeugt den Pragmatiker Newton und den Ideologen Einstein mit nahezu verwunderlicher Gelassenheit und Standfestigkeit und unbeeindruckt von ihren Argumenten und Waffen davon, gemeinsam den Rest ihrer Tage im Irrenhaus zu verbringen. Er verkörpert den dürrenmattschen Typus des „mutigen Menschen", der seine Verantwortung erkennt und annimmt.[29] Dass er scheitert, weil er das Beste will, durch sein Handeln aber das Schlimmste herbeiführt, macht ihn zur tragischen Figur.

Typus des „mutigen Menschen"

---

29   Vgl. Knapp in: Arnold, S. 103.

3.4 Personenkonstellation und Charakteristiken

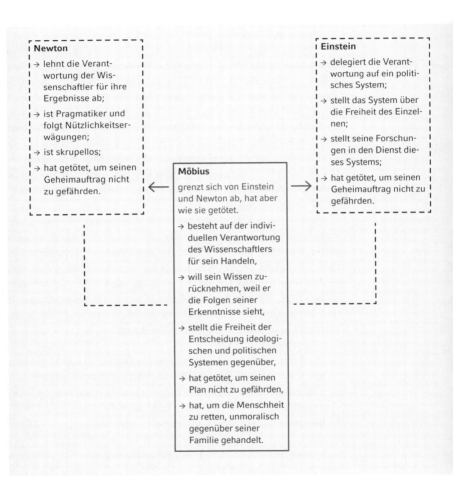

Newton
→ lehnt die Verantwortung der Wissenschaftler für ihre Ergebnisse ab;
→ ist Pragmatiker und folgt Nützlichkeitserwägungen;
→ ist skrupellos;
→ hat getötet, um seinen Geheimauftrag nicht zu gefährden.

Einstein
→ delegiert die Verantwortung auf ein politisches System;
→ stellt das System über die Freiheit des Einzelnen;
→ stellt seine Forschungen in den Dienst dieses Systems;
→ hat getötet, um seinen Geheimauftrag nicht zu gefährden.

Möbius
grenzt sich von Einstein und Newton ab, hat aber wie sie getötet.

→ besteht auf der individuellen Verantwortung des Wissenschaftlers für sein Handeln,
→ will sein Wissen zurücknehmen, weil er die Folgen seiner Erkenntnisse sieht,
→ stellt die Freiheit der Entscheidung ideologischen und politischen Systemen gegenüber,
→ hat getötet, um seinen Plan nicht zu gefährden,
→ hat, um die Menschheit zu retten, unmoralisch gegenüber seiner Familie gehandelt.

3.4 Personenkonstellation und Charakteristiken

Mathilde von Zahnd

Maskerade und
falsche Spuren

Treten uns die drei Physiker im I. Akt als „Irre" gegenüber, so erweist der II. Akt ihre vermeintliche Krankheit als Maskerade. Wir sehen uns von ihnen und in ihnen getäuscht. Bei Mathilde von Zahnd ist ein gegenläufiger Prozess festzustellen. Der I. Akt führt sie als leicht verschrobene, zugleich durchaus nicht ganz unsympathische Leiterin des Sanatoriums ein; erst der II. Akt offenbart uns ihre wirkliche Persönlichkeit. So werden auch erst vom Ende der Komödie her gesehen ihre Persönlichkeitszüge vollends deutlich. Friedrich Dürrenmatt legt ganz bewusst eine falsche Fährte, wenn sie einleitend als „Menschenfreund und Psychiater von Ruf" (S. 12) bezeichnet wird.

Familie und
Herkunft

Mathilde von Zahnd ist Spross einer berühmten Familie. Joachim von Zahnd, ihr Onkel, war Kanzler; sein Porträt hängt bis zum ersten Mord im Salon der Villa. Ihr Vater war der Geheimrat August von Zahnd, sein Porträt hängt bis zum II. Akt im Salon. Das Porträt des Generals Leonidas von Zahnd wird im II. Akt im Salon aufgehängt, als sich das Irrenhaus in ein Gefängnis verwandelt und bevor Mathilde von Zahnd ihren Wahnsinn und ihre Weltmachtpläne offenbart. Über ihren Vater sagt sie:

> „Er haßte mich, wie die Pest, er haßte überhaupt alle Menschen wie die Pest. Wohl mit Recht, als Wirtschaftsführer taten sich ihm menschliche Abgründe auf, die uns Psychiatern auf ewig verschlossen sind. Wir Irrenärzte bleiben nun einmal hoffnungslos romantische Philanthropen." (S. 24)

Sieht man diese Bemerkung vom Ende der Komödie her, so lassen sich Rückschlüsse auf Mathilde von Zahnd ziehen: Den Hass, den sie vom Vater erfahren hat, trägt sie jetzt in sich; wie er („Wirtschaftsführer") lenkt sie ihre (wahnsinnigen) Energien in den Auf-

3.4   Personenkonstellation und Charakteristiken

Jutta Wachowiak als Mathilde von Zahnd; Deutsches Theater Berlin 2005 © ullstein bild – Lieberenz

bau eines wirtschaftlichen Imperiums, das aber zugleich ein militärisches Imperium mit Weltherrschaftsanspruch werden soll (das Porträt des Vaters wird gegen das Porträt des Generals Leonidas ausgetauscht). Nicht Menschenliebe, sondern Menschenhass ist die Triebkraft ihres Handelns.

Es gelingt ihr ohne große Schwierigkeiten, sich als eine andere als die auszugeben, die sie wirklich ist. Sie scheint sich um ihre Patienten fürsorglich zu kümmern (sie begleitet Einstein nach dem Mord am Klavier, um ihn zu beruhigen), zeigt Verständnis für Voß, als er trotz des Verbots raucht (sie lässt sich sogar von ihm Feuer geben und raucht ebenfalls), sie wehrt sich gegen das Verlangen, Pfleger einzustellen (ergreift Partei für die Krankenschwestern). Im II. Akt, nach dem dritten Mord, scheint sie erschüttert zu sein,

Ursachen und Folgen der Persönlichkeitsentwicklung

3.4 Personenkonstellation und Charakteristiken

sieht ihren Ruf gefährdet, spricht nun selbst von Mördern (nicht mehr von Kranken oder Patienten). Aber wie sich Inspektor Voß in ihr täuscht, werden auch wir getäuscht. Die vermeintliche Fürsorge ist Teil eines raffinierten Plans, die Schwestern hat sie als ihre Werkzeuge missbraucht, die Pfleger sind längst engagiert, ihre kleinen menschlichen Schwächen können als Teil einer Strategie der Verwirrung gesehen werden. Als sie ihre Patienten – im zweiten Gespräch mit Voß (II. Akt) – als „Mörder" bezeichnet, sagt sie allerdings die Wahrheit, weil sie längst weiß, dass die drei Physiker ihre Krankheit nur vortäuschen.

Doppelbödigkeit ihrer Aussagen

Auf diesem Hintergrund erweisen sich etliche ihrer Aussagen und Äußerungen im ersten Gespräch mit Voß vom Ende der Komödie her gesehen als doppelbödig. Dazu einige Beispiele:

→ „Für wen sich meine Patienten halten, bestimme ich. Ich kenne sie weitaus besser, als sie sich selber kennen." (S. 25)
Was zunächst als Überheblichkeit oder Dünkel einer Psychiaterin verstanden werden kann, spricht die Tatsache aus, dass sie ihre Patienten längst durchschaut hat und sie ihre Rollen spielen lässt und sogar aktiv an diesem Rollenspiel mitwirkt. Noch bevor die drei Physiker sich gegenseitig zu erkennen geben, hat Mathilde von Zahnd sie erkannt. Sie kennt die Patienten in der Tat besser als diese sich selbst.

→ „Als ob wir nicht imstande wären, gefährliche und ungefährliche Patienten zu unterscheiden." (S. 26)
Der Satz kommt als Verteidigung ihrer medizinischen Wissenschaft daher und gaukelt Fürsorge für die Patienten gegenüber den Ansprüchen des Staatsanwaltes vor. Tatsächlich aber hat sie die drei Physiker als gefährlich (gefährlich für ihre Pläne) erkannt und die „Einzelzellen" (Gitter vor den Fenstern), die sie Voß gegenüber als anachronistische Mittel der Psychiatrie verspottet, schon lange vorbereitet.

3.4 Personenkonstellation und Charakteristiken

→ „Fehler kann ich mir nicht leisten und Vorfälle, die mir die Polizei ins Haus bringen, schon gar nicht." (S. 27)
In Zusammenhang mit ihren Weltmachtplänen kann sie es sich
(in Zukunft) wirklich nicht mehr leisten, dass Fehler passieren
und die Polizei ins Haus kommt (die Verwandlung des Sanatoriums in ein Gefängnis trägt dem Rechnung).

→ „Meine Familie ist so alt, daß es beinahe einem kleinen medizinischen Wunder gleichkommt, wenn ich für relativ normal
gelten darf, was meinen Geisteszustand betrifft." (S. 29)
Auch diese „Selbstbeschreibung" kann erst vom Ende der Komödie her erfasst werden. Das „Wunder" ist nicht eingetreten,
die relative Normalität erweist sich als absoluter Wahnsinn.

Wenn Dürrenmatt im „4. Punkt zu den *Physikern*" ausführt, dass
die „schlimmstmögliche Wendung" durch den Zufall eintritt, so
kann Mathilde von Zahnd für die Dramaturgie der Komödie als der
personifizierte Zufall gelten, der die Absichten der klug Planenden
durchkreuzt und einem mörderischen Ende zuführt. Wie schon in
Der Besuch der alten Dame konfrontiert uns Dürrenmatt mit einer
monströsen Frauenfigur. An der Oberfläche gibt es einige Parallelen zu Claire Zachanassian. Beide sind Frauen, die über Macht,
Geld, Einfluss, planerisches Geschick und einen starken Willen
verfügen, der dazu führt, dass sie ihre Ziele konsequent ansteuern.
Auch Alter und Erscheinungsbild (körperliche Mängel) weisen Parallelen auf, wobei Claire Zachanassians Auftreten insgesamt
schriller ist. Entscheidend sind aber die Unterschiede. Claire Zachanassian kommt nach Güllen, um Rache zu nehmen für ein Unrecht, das ihr der einstige Geliebte (Ill) und der gesamte Ort ange-
tan haben. Aus diesem Unrecht (und aus Ills Verrat an ihrer Liebe)
erwächst das Motiv für ihre Rache. Bei Mathilde von Zahnd sind
wir auf ihren Irrsinn als Antriebsmoment verwiesen (der Hass des
Vaters auf sie und die Welt, den sie erwähnt, bleibt in ihrer Biogra-

**Dramaturgische
Funktion der
Figur**

**Mathilde von
Zahnd und Claire
Zachanassian**

3.4   Personenkonstellation und Charakteristiken

fie von seiner Bedeutung her undeutlich). Deshalb ist Manfred Durzak durchaus zuzustimmen, wenn er schreibt:

> „Die Irrenärztin, die am Ende des zweiten Aktes nun gesteht, dass sie selbst in spirituellem Kontakt zu König Salomo steht und ein ‚Weltunternehmen' beginnt, das Möbius' Erfindungen auswertet (wie das im Einzelnen aussehen soll, wird nicht gesagt), verwandelt sich hier gegen Ende in eine Art Dr. Mabuse. Die Kolportageelemente sind nicht zu übersehen. Die totale Abhängigkeit, in der sich die Welt von ihr befinden wird, ist hier keineswegs so überzeugend konkretisiert worden wie durch die Schenkung der einen Milliarde von Claire Zachanassian an Güllen in *Der Besuch der alten Dame*."[30]

Inspektor Voß

Ein parodistischer Gegenentwurf

Inspektor Voß kann als Gegenentwurf zu bekannten Detektiven der Kriminalliteratur gelten. Er verfügt nicht über den brillanten Scharfsinn eines Dupin, Poirot oder Holmes, ist auch nicht der abgebrühte Zyniker wie die großen amerikanischen Detektive (Spade oder Marlowe) und hat auch nicht die Ausdauer und das taktische Geschick des dürrenmattschen Kommissars Bärlach. Er ist ein kleiner Provinzpolizist, leicht zu verunsichern und weist resignative

Verunsicherung

Züge auf. Von der Situation, in der er steht, ist er sichtlich überfordert. Dies machen schon die Hinweise im Nebentext deutlich: Er *wischt sich den Schweiß ab*, er *beherrscht sich*, er *brüllt*, er reagiert *dumpf*, er *wischt sich* erneut *den Schweiß ab* (alle Zitate in S. 19). Newton gelingt es, ihn in kürzester Zeit zu verwirren („Der Inspektor erhebt sich etwas verwirrt." S. 21). Und einer Parodie auf das Verhalten eines Kriminalisten kommt es gleich, wenn Voß das ihm

--- --- ---

30   Durzak, S. 124.

3.4   Personenkonstellation und Charakteristiken

von Newton angebotene Du annimmt und Newton ihm – auf dem Sofa sitzend – den Arm um die Schulter legt oder freundschaftlich auf die Schulter klopft (vgl. S. 21–23).

Im Gespräch mit Newton, Mathilde von Zahnd und der Oberschwester wird ein Mangel an kommunikativer Kompetenz deutlich, sobald er den sicheren Boden einfachster kriminalistischer Fragen verlassen muss und in Diskussionen verstrickt wird. In seiner Hilflosigkeit und Naivität greift er den ihm von Mathilde von Zahnd hingeworfenen Erklärungsansatz für die Mordtaten auf (Veränderung des Gehirns durch Umgang mit radioaktiven Stoffen, vgl. S. 28) und kann sich letztlich nur hinter der Autorität des Staatsanwalts verstecken, indem er auf dessen Forderung beharrt, Pfleger einzustellen, ohne dabei durchschauen zu können, dass diese Forderung deckungsgleich mit den Plänen von Zahnds ist und diese bereits die Pfleger (wenn auch aus anderen Gründen) engagiert hat.

Naivität und Hilflosigkeit

Zu Beginn des II. Aktes (eine Parallel- und Kontrastsituation zum I. Akt) setzt er sich bereits *müde auf den Sessel* (S. 55), aus den Mördern sind für ihn mittlerweile *liebe Kranke* (S. 57) geworden. Seine – gemessen am I. Akt – heitere Gelöstheit („Ich könnte jubeln. Ich habe drei Mörder gefunden, die ich mit gutem Gewissen nicht zu verhaften brauche.", S. 60) ist die Umkehrung seiner Resignation und Ausdruck davon, dass er das Ziel, Recht und Gerechtigkeit durchzusetzen, aufgegeben hat. **Die Gerechtigkeit macht Ferien.** (S. 60) Diese Haltung, nicht sein Mangel an Fähigkeiten, machen ihn vollends zur Kontrastfigur von Dürrenmatts Kommissar Bärlach, der sein ganzes Leben lang das Ziel nicht aus den Augen verliert, Gastmann der Strafe zuzuführen (*Der Richter und sein Henker*) und der, trotz schwerer Krankheit und unter Einsatz seines Lebens, einem Anfangsverdacht nachgeht, um einen Verbrecher zu überführen (*Der Verdacht*). Die öffentlichen Insti-

Abgesang auf Gerechtigkeit und Rechtssystem

3.4 Personenkonstellation und Charakteristiken

tutionen (Polizei, Justizapparat) sind unfähig, so legt es die Konzeption der Figur des Inspektors nahe, Gerechtigkeit herzustellen. Sie können ihren gesetzlichen Auftrag nicht nur nicht ausführen, sondern sie haben vor diesem Auftrag längst resigniert.

Familie Rose

Karikaturen

Die Mitglieder der Familie Rose sind kaum als Charaktere gezeichnet, sondern eher als Karikaturen (oder Witzfiguren) angelegt. Lina Rose, die sich, seitdem sie Möbius kennengelernt hat, für ihn aufgeopfert hat, ist sichtlich darum bemüht, ihre nun vollzogene Trennung von Möbius zu rechtfertigen. Ihre ganze Ver-

Verklemmtheit und Spießertum

klemmtheit wird offensichtlich, als sie – errötend – darauf hinweist, dass sie ihren neuen Mann vor drei Wochen geheiratet hat und hinzufügt: „Vielleicht etwas eilig, wir lernten uns im September an einer Tagung kennen." (S. 31) Ob sich ihre Lebenssituation verbessern wird, kann eher bezweifelt werden, denn durch die Heirat mit Missionar Rose sind neun Kinder zu versorgen, und ihr neuer Mann ist „durchaus nicht robust, seine Besoldung kärglich." (S. 35) Mit dem Dienstantritt von Missionar Rose auf den Marianen, im Nordwesten Ozeaniens gelegen, entfernt sich die Familie zwar räumlich sehr weit von ihrem bisherigen Leben, es steht aber zu vermuten, dass sie das idyllisch-spießerhafte und bigotte Gehabe, das sie auszeichnet, auch dort nicht ablegen wird.

Dass die Stelle von Missionar Rose in einer Region liegt, in der in den 1950er Jahren die USA oberirdische Atomtests durchgeführt haben (Bikini-Atoll), mag als makabrer Scherz Dürrenmatts angesehen werden, kann aber auch so verstanden werden, dass Lina Rose zwar ihren Mann verlassen und auf (räumlich große) Distanz zu ihm gehen kann, dass sie von den Ergebnissen seiner Forschungen aber überall auf der Welt eingeholt wird.

3.4 Personenkonstellation und Charakteristiken

Lina Roses Horizont wird durch die Verwendung der Diminutivform bei der Anrede ihres ehemaligen Gatten deutlich („Johann-Wilhelmlein"); sie stuft dadurch ihren Mann auf Kindesniveau herab – vielleicht weil sie ihm mehr fürsorglicher Mutterersatz und weniger Ehefrau war, vielleicht aber auch, weil sie meint, mit einem (angeblichen) Geisteskranken nur in einer „verkindlichten" Sprache reden zu können. Missionar Rose, der angeblich alle Psalmen Davids und Salomos auswendig kann, muss sich von Mathilde von Zahnd zurechtweisen lassen, als er im Zusammenhang mit Möbius' Salomo-Erscheinungen von einer „traurige(n), beklagenswerte(n) Verirrung" spricht (S. 33). Mathilde von Zahnd hält ihm vor, dass er, als Theologe, doch an Wunder glauben müsse (auch die wirkliche Bedeutung dieser Äußerung der Ärztin erschließt sich erst vom Ende der Komödie her). Die pubertierenden Knaben werden ihrem Vater als intellektuelle Köpfe vorgestellt, wollen Pfarrer, Philosoph und Physiker werden, der fünfzehnjährige Wilfried-Kasper wird wegen seiner Lektüre von Schopenhauer und Nietzsche als „besonders frühreifes Kind" (S. 37) bezeichnet. Die Musikalität der Kinder entpuppt sich beim Vortrag, von Lina Rose durch die Aufforderung „Inniger, Buben, inniger" (S. 39) zugleich begleitet, aber auch kommentiert, wohl eher als Dilettantismus. Der Verweis auf die Intellektualität und Musikalität der drei Knaben dient Dürrenmatt als spöttische Abrechnung mit bildungsbürgerlichen Idealen (humanistische Erziehung); er setzt die überzeichneten Figuren dem Spott des Theaterpublikums aus und macht sich über sie lustig.

Die Rose-Szene macht aber auch, ganz nebenbei, eine Facette von Möbius' Persönlichkeit deutlich. Er erwähnt einen Spaziergang mit Adolph-Friedrich und sagt: „Ich führte dich einmal an der Hand über den Sankt-Josephs-Platz. Die Sonne schien grell, und die Schatten waren wie abgezirkelt." (S. 37) Was dem Naturwis-

Möbius als Vater

3.4   Personenkonstellation und Charakteristiken

senschaftler Möbius in Erinnerung und damit erwähnenswert ist, sind die Naturerscheinungen (Licht und Schatten, ihr geometrisches Muster), nicht aber ein emotionales Moment. Zu Recht bezeichnet er sich deshalb selbst als „ungenügende(n) Vater" (S. 39).

Schwester Monika

Eine Schachfigur im Spiel der Mathilde von Zahnd

Monika Stettler teilt in doppelter Hinsicht das Schicksal der Schwestern Dorothea Moser und Irene Straub. Alle drei sind Werkzeuge im Plan von Mathilde von Zahnd („Ich mußte euch unschädlich machen. Durch eure Morde. Ich hetzte die drei Krankenschwestern auf euch. Mit eurem Handeln konnte ich rechnen." S. 84). Und wie die beiden anderen Schwestern auch, wird Monika von „ihrem" Physiker getötet, wobei selbst im Tötungsvorgang Parallelen zu entdecken sind (Lampenschnur, Vorhangkordel und Vorhang als Tatwerkzeuge, jeweils Erdrosselung unter großem Kraftaufwand).

Monika Stettler „haßt ihren Beruf" (S. 49), und sie will die professionelle Fürsorge und Zuwendung für ihre Patienten durch die Liebe und Zuwendung für einen Menschen, Möbius, ersetzen, um ihre Einsamkeit zu überwinden (vgl. S. 50). Deutlich formuliert sie ihre Ziele: „Ich will mit Ihnen schlafen, ich will Kinder von Ihnen haben." (S. 49) Sie erweist sich als tatkräftig, um ihr Leben mit Möbius zu organisieren: Sie hat bereits eine andere Stelle (Gemeindeschwester in Blumenstein) für sich gefunden, hat gespart, hat Kontakt mit dem ehemaligen Professor von Möbius aufgenommen, um seine wissenschaftliche Reputation wieder herzustellen, und hat Mathilde von Zahnds Zustimmung zur Entlassung von Möbius und zur Heirat erhalten (was aber Teil des Plans der Mathilde von Zahnd ist). Energisch fordert sie Möbius auf, seine Erkenntnisse und wissenschaftlichen Arbeiten zu veröffentlichen.

3.4 Personenkonstellation und Charakteristiken

Sie interpretiert seine Weigerung als Mutlosigkeit („Warum bist du so mutlos?" S. 50), weil sie die wahren Beweggründe seines Handelns nicht erfasst. Deshalb kann sie Möbius' Antwort auf ihre Frage („Mut ist in meinem Falle ein Verbrechen." S. 51) auch nicht verstehen, sie deutet diesen Satz so, als habe Möbius keinen Mut, weil er als krank gilt. Ihre Liebe macht sie zugleich sehend (sie sieht, dass Möbius nicht krank ist) und blind. Denn blind ist sie für die Warnungen, die sie sowohl von Einstein (vgl. S. 48) als auch von Möbius erhält („Und darum sind Sie in Gefahr. Weil wir uns lieben.", S. 47/„Fliehen Sie!" S. 49/„Mein Gott, ich liebe dich, das ist ja das Wahnsinnige." S. 50). Je energischer sie versucht, seine Gegenargumente zu entkräften, umso mehr fühlt sich Möbius in die Enge getrieben, so dass am Ende der Mord steht.

Ob Möbius, wie er sagt, Monika Stettler wirklich liebt, ob es eine Zuneigung auf Grund ihrer Fürsorge ist, ob er die sehr viel Jüngere körperlich anziehend findet oder ob er sie in einem über-individuellen Sinne liebt (als Stellvertreterin der Menschheit, die er vor sich und den Ergebnissen seiner Arbeit schützen will), mag offen bleiben. Im Dialog Stettler/Möbius wird das Motiv der Annäherung eines Liebespaares aufgegriffen, variiert und parodiert. Die beiden Protagonisten reden aneinander vorbei, weil Monika Stettler die Sätze von Möbius stets anders deutet, als sie gemeint sind. Liebe mündet so in ein Opfer – aber dieses Opfer ist, vom Ausgang des Dramas her gesehen, sinnlos; von der Dramaturgie her ist ihr Tod allerdings funktional.

Überhörte Warnungen

Liebe als sinnloses Opfer

3.5 Sachliche und sprachliche Erläuterungen

S. 11	*Les Cerisiers*	franz. „cerise" – die Kirsche; der Name des Sanatoriums lautet „Die Kirschbäume"; vielleicht auch als Anspielung auf A. Tschechows Drama *Der Kirschgarten* gedacht.
S. 12	**Ernis Glasmalerei**	Hans Erni, geb. 1909, Schweizer Maler und Grafiker
S. 13	**Lavabo**	Waschbecken (lat. lavare: waschen)
S. 40	**Rehzwillinge**	Bild für die Brüste einer Frau, dem Hohenlied Salomos entnommen, wo man in 4, Vers 5 findet: „Deine beiden Brüste sind wie junge Zwillinge von Gazellen, die unter den Lilien weiden."
S. 40	**Sulamith**	Name der Frau im Hohenlied: „Wende dich hin, wende dich her, o Sulamith!" (Das Hohelied 7/1)
S. 57	**Poulet à la broche**	Hühnchen am Spieß
S. 57	**Cordon bleu**	Name einer Speise (ein Fleischgericht); wörtl. Übersetzung: blaues Band
S. 65	**Browning**	eine nach ihrem Erfinder benannte Pistole
S. 66	**Burgunder**	französischer Wein
S. 86	**Hypotheses non fingo**	Ich stelle keine Hypothesen auf.
S. 86	**Johannes-Apokalypse**	letztes Buch des Neuen Testaments, das vom Gericht Gottes über die Welt handelt. Wir setzen den Begriff Apokalypse mit Weltuntergang gleich.

3.6 Stil und Sprache

ZUSAMMEN-FASSUNG

Die Sprache des Dramas:
→ ist durch Doppel- und Mehrdeutigkeiten gekennzeichnet,
→ wird als Mittel der Täuschung eingesetzt,
→ ist durchzogen von Begriffen aus dem Bereich Naturwissenschaften, Physik und Weltraum (-fahrt), wobei einige Begriffe Wissenschaftlichkeit nur vortäuschen.

Sprache als Mittel der Täuschung

In einer Komödie, in der vieles nicht so ist, wie es auf den ersten Blick scheint und in der wir durch geschickte dramaturgische Arrangements immer wieder verblüfft oder sogar getäuscht und überrumpelt werden, trägt auch die Sprache dazu bei, uns zu täuschen und uns in Erstaunen zu versetzen. Nicht immer ist das, was in dieser Komödie gesagt wird, auch so gemeint, wie wir es verstehen (und zunächst verstehen sollen). Die Sprache ist Spielmaterial der Figuren und des Autors mit uns. Erst vom Ende des Dramas her erschließen sich manche **Doppeldeutigkeiten,** und die Begriffe bekommen einen anderen Sinn. Hierzu nur ein Beispiel: In der Auseinandersetzung mit Missionar Rose sagt Mathilde von Zahnd: „Als Theologe müssen Sie doch immerhin mit der Möglichkeit eines Wunders rechnen." (S. 33) Dieser scheinbar nur auf Möbius bezogene Satz, als Spitze gegen den Theologen Rose aufzufassen und verblüffend, weil aus dem Mund einer Psychiaterin kommend, offenbart sich von seiner Tragweite erst vom Ende her. Mathilde von Zahnd spricht nicht über Möbius, sondern über sich: „Auch mir ist der goldene König Salomo erschienen." (S. 81)

3.6   Stil und Sprache

**Spiel mit
Begriffen**

Als Spielmaterial dienen Dürrenmatt auch naturwissenschaftliche und physikalisch-technische Begriffe: Neben Begriffen wie Elektrizität, Schwerkraft, theoretische Mechanik, Optik, Relativitätstheorie sowie den Namen von Planeten (Saturn, Mars etc.) stehen Begriffe, die einen naturwissenschaftlichen Inhalt nur vortäuschen wie der „Eisler-Effekt", die „Entsprechungslehre" und das „System aller möglichen Erfindungen".

Zum sprachlichen Arsenal der Komödie gehören neben den bereits genannten Doppeldeutigkeiten (oder Mehrdeutigkeiten) auch

S. 20	**sprachliche Paradoxien**	Newton: „Sie liebte mich, und ich liebte sie. Das Dilemma war nur durch eine Vorhangkordel zu lösen."
S. 17	**Wortspiele**	Blocher: „Wir wären fertig, Herr Inspektor."/ Inspektor: „Und mich macht man fertig."
S. 16	**groteske Wendungen**	Gerichtsmediziner: „Diese Irren entwickeln oft gigantische Kräfte. Es hat etwas Großartiges."
S. 20	**Kalauer**	Newton: „Meine Aufgabe besteht darin, über die Gravitation nachzudenken, nicht ein Weib zu lieben."
S. 13	**Ironie**	„Die Krankenschwester liegt auf dem Parkett, in tragischer und definitiver Stellung ..."
S. 21	**Stilbrüche**	„Ich darf Ihnen versichern, daß ich die Kreutzersonate bei weitem schwungvoller hinunterfiedeln würde als Ernst Heinrich Ernesti eben."
S. 74	**Sentenzen**	Möbius: „Wir sind in unserer Wissenschaft an die Grenzen des Erkennbaren gestoßen."
S. 65	**Phrasen**	Einstein: „Befehl ist Befehl."

3.6   Stil und Sprache

Trotz der Ernsthaftigkeit der Thematik, wenngleich sie in das Gewand der Komödie gekleidet ist, fehlt Dürrenmatts Sprache jegliche übertriebene Pathetik, es sei denn, er setzt Pathos parodistisch ein, wie etwa bei den Trinksprüchen der Physiker oder bei der Ansprache Mathilde von Zahnds am Ende des II. Aktes. Der Sprachstil ist insgesamt eher **knapp und schnörkellos.** Elisabeth Brock-Sulzer hat Dürrenmatts Sprachgebrauch in *Die Physiker* zusammenfassend so charakterisiert:

Verzicht auf Pathos

„(...) auch in der Sprache hat er sich gewandelt oder zum mindesten schon früher begonnene Strebungen energisch weitergetrieben. Jetzt schreibt er unverkennbare Theatersprache, unverkennbar jene Sprache, die gerade so viel ausdrückt, wie nötig ist, den Schauspieler auf die richtige Bahn zu führen, damit er vollende, was zu leisten ist. Die ‚einfache‘, schmucklose Sprache der ‚Physiker‘ ist durchaus nicht Umgangssprache, sie ist nicht minder, nur weniger offen stilisiert, sie hat ihre absichtlich erstellten Hürden, ihre versteckten Feierlichkeiten.“[31]

---

31   Brock-Sulzer, *Dürrenmatt in unserer Zeit*, S. 41.

3.7 Interpretationsansätze

ZUSAMMEN-FASSUNG

Dürrenmatts Drama beginnt als Kriminalgroteske und entwickelt sich im 2. Akt zum Problemdrama (Thematisierung der Verantwortung der Wissenschaftler). Es behandelt ein ernstes Thema (Untergang der Menschheit) mit den Mitteln einer Komödie (Wortwitz, Situationskomik, groteske Elemente etc.) und hebt dadurch die Trennung zwischen den Gattungen Tragödie und Komödie auf. Bei der Interpretation gehen wir auf folgende Aspekte näher ein:
→ Die Rolle von Möbius als „guter Mensch"
→ Die Bedeutung des Handlungsortes Irrenhaus
→ Das Scheitern von Möbius
Wir behandeln diese Punkte im Kontext der Auffassungen Dürrenmatts zum Theater und zur Form der Komödie.

Der folgende Abschnitt greift einige der in den bisherigen Kapiteln des Bandes behandelten Aspekte noch einmal auf, beleuchtet sie unter anderer Perspektive oder ergänzt sie um weitere Gesichtspunkte. Der Abschnitt bietet Interpretationsansätze und hat somit nicht die Funktion einer abgerundeten Interpretation.

Möbius – der gute Mensch

Möbius – der Mutige

In den *Theaterproblemen* hatte Dürrenmatt darauf beharrt, dass es immer noch möglich sei, „den mutigen Menschen zu zeigen", und dass dies eines seiner „Hauptanliegen" sei. In der Brust dieser mutigen Menschen, so Dürrenmatt, würde „die verlorene Welt-

3.7   Interpretationsansätze

ordnung (...) wiederhergestellt."[32] Eine Auseinandersetzung mit
Dürrenmatts Drama *Die Physiker* könnte der Frage nachgehen, ob
am Ende des Dramas in Möbius' Brust tatsächliche die verlorene
Weltordnung wiederhergestellt ist. Sicherlich ist Möbius' zuzuge-
stehen, dass seine Handlungsweise Mut verlangt. Er verzichtet auf
ein Familienleben, auf eine wissenschaftliche Karriere, auf Anse-
hen und Ruhm – von materiellem Gewinn ganz zu schweigen. Er
verbirgt seine Persönlichkeit hinter der Maske des Irren, gibt seine
Identität auf, lebt ein Leben der Selbstverleugnung. Und er tut dies,
um die Menschheit vor den tödlichen Konsequenzen seiner Entdeckungen zu bewahren. Aber, so kann man einwenden, er zahlt den
Preis für diesen Mut nicht allein. Seine Frau und seine Kinder lässt
er im Stich, einen Menschen, der ihn liebt, tötet er. Nicht zu Unrecht hat deshalb Ernst Wendt die Frage aufgeworfen:

> „Mord, um die Menschheit vor größerem, unabsehbarem Un-   Moral
> heil zu bewahren? Eisige, schaudervolle Konsequenz, die sich
> später noch zum infernalischen Bild des Sinnlosen verdichtet,
> wenn Möbius' Erkenntnis dennoch in die Hände der verrückten
> Irrenärztin fällt?"[33]

Möbius' Rechtfertigungsversuche für die Ermordung Schwester
Monikas müssen zumindest als fragwürdig erscheinen – nicht etwa
deshalb, weil sein Plan letztlich scheitert, sondern weil er den
Mord an Schwester Monika als ein höheren Zwecken geschuldetes
Opfer ansieht. Wie Newton und Einstein auch, leitet Möbius nach
dem Pakt der drei Physiker seine Trinkrede mit der Formel ein:
„Ich mußte dich opfern." (S. 77) Hier mag eine in der Figur ange-

–– –– ––

32 Dürrenmatt, *Theaterprobleme*, S. 60.
33 E. Wendt, *Theater heute*, 3/1962, S. 12 f., zitiert nach: Plett, S. 43.

3.7   Interpretationsansätze

legte Hybris erkennbar werden, die in der Praxis dazu führt, dass Möbius genauso handelt wie Einstein und Newton, die beiden Agenten und Repräsentanten der politisch-ideologischen Systeme, die ihre Mordtaten ebenfalls mit dem jeweiligen höheren Zweck rechtfertigen. Möbius kann als doppelt Scheiternder gesehen werden: Seine Strategie zur Rettung der Welt scheitert, und als Mensch versagt er moralisch. Reinhard Kästler kommt deshalb zu dem Urteil:

Möbius' Versagen

> „In der Anlage der zentralen Komödiengestalt findet sich ein auffallend harter Gegensatz zwischen dem moralischen Versagen im familiären und persönlichen Lebensbereich gegenüber dem hohen moralischen Anspruch des Wissenschaftlers. Nicht nur, dass die Familie zugunsten des Sanatoriumsaufenthalts ihres genialen Oberhaupts Entbehrungen auf sich zu nehmen hat, belegt diesen Sachverhalt. Schwerer noch wiegt die Mordtat an Schwester Monika."[34]

Möbius' Inkonsequenz

So gesehen, ist die Welt in Möbius' Brust nicht nur nicht in Ordnung, sondern moralisch zerstört.

Nicht nur die Opferung Monikas mag Anlass für kontroverse Interpretationen der Hauptfigur geben, auch Möbius' Selbstopferung muss als zweifelhaftes Unterfangen erscheinen. Möbius selbst fasst seine Einsicht in das Scheitern seiner Pläne in die Worte: „Was einmal gedacht wurde, kann nicht mehr zurückgenommen werden." (S. 85) Möbius ist im Grunde ja schon gescheitert, bevor er und mit ihm wir als Zuschauer die Wahrheit erfahren. Sein Scheitern resultiert dabei auch aus seiner Inkonsequenz. Zwar hat er sich von der Welt verabschiedet und in die Isolation der Irrenanstalt begeben,

———

34   Kästler, S. 49.

3.7 Interpretationsansätze

doch setzt er dort – in vermeintlicher Sicherheit – seit Jahren seine
Forschungen fort (Einstein: „Zum Lachen. Da versuchen Horden
gut besoldeter Physiker in riesigen staatlichen Laboratorien seit
Jahren vergeblich in der Physik weiterzukommen, und Sie erledi-
gen das en passant im Irrenhaus." S. 69). Erst diese Inkonsequenz
ermöglicht es Mathilde von Zahnd überhaupt, Möbius' Manuskripte zu kopieren und sie für ihre Zwecke auszubeuten. Mathilde von
Zahnd: „Ich (...) photokopierte die Aufzeichnungen Salomos, bis
ich auch die letzten Seiten besaß. (...) Ich bin behutsam vorgegan-
gen. Ich beutete zunächst nur wenige Erfindungen aus, das nötige
Kapital anzusammeln." (S. 82 f.) Gerhard P. Knapp sieht in der
Tatsache, dass Möbius noch glaubt, handeln zu können, obwohl er
schon längst zum Instrument der Mathilde von Zahnd geworden
ist, dessen eigentliche Tragik. Er schreibt u. a.:

> „Dass aber die Entwicklung bereits den Punkt, an dem Han-
> deln und eine verantwortliche Tat noch möglich wären, längst
> überschritten hat, weiß er ebenso wenig wie der Zuschauer.
> In diesem Umstand erweist sich nicht nur der antizipatorische
> Zug der Dürrenmatt'schen Dramaturgie, er enthüllt zugleich
> die Tragik des schon lange verratenen, zerstörten Individuums,
> das noch immer handelt, im Glauben, es könne den Verrat und
> die Zerstörung abwenden. So wie Ödipus, nachdem er unwis-
> sentlich seinen Vater erschlagen, unwissend seinem Untergang
> entgegenhandelt, handelt Möbius, als könne er das Unheil ab-
> wenden, das lange seinen Lauf genommen hat. Hierin liegt die
> Tragik des ‚mutigen Menschen' (...)."[35]

Tragik – pro
und contra

---

35 Knapp, *Dürrenmatt*, S. 33.

3.7 Interpretationsansätze

Keine tragische Qualität

Ganz anders beurteilt Hans Mayer die Handlungsweise von Möbius. Mayer spricht Möbius jegliche tragische Qualität ab. Unter Verweis auf Dürrenmatts „18. Punkt zu den *Physikern*", in dem es heißt: „Jeder Versuch eines Einzelnen, für sich zu lösen, was alle angeht, muß scheitern" (S. 93), kommt Mayer zu dem Urteil:

> „Das ‚Opfer' vollends, das der Physiker Möbius auf sich nehmen wollte – ‚daß es heute die Pflicht eines Genies ist, verkannt zu bleiben' –, ist weder tragisch noch auch nur erfolgreich. Die Opferung Ills hatte wenigstens, wie der schauerliche Schlusschor (in *Der Besuch [der alten Dame]*) bewies, dem Städtchen Güllen für eine Weile Wohlstand gesichert. Die Zurücknahme aber seiner Forschungen durch Möbius blieb belanglos, denn die ‚alte Dame' dieses neuen Stückes konnte trotzdem, mit Hilfe der zurückgenommenen Forschungen, ihren Trust der Weltbeherrschung oder Weltvernichtung aufbauen."[36]

Im Irrenhaus

Der Verweis auf die Weltherrschaftspläne der Mathilde von Zahnd eröffnet neben der Frage nach der moralischen Schuld von Möbius' und der mit ihm verbundenen Problematik der Tragik einen weiteren Themenkreis, nämlich den der Verortung des Stücks in einem Irrenhaus. Die Anstalt *Les Cerisiers*, der Handlungsort, steht parabolisch für unsere Welt. Dürrenmatt relativiert den Maßstab für Verrücktheit und Nicht-Verrücktheit, er setzt – zumindest aus der Perspektive von Möbius – dem Gefängnis der Welt die Freiheit des Irrenhauses entgegen. Der Theatermann Dürrenmatt schlägt aus diesem Einfall eine ganze Reihe von satirisch-unter-

Irrenhaus als Symbol unserer Welt

---

36 Mayer, zitiert nach: Knapp, *Dürrenmatt*, S. 32; Hinweis: Ill ist die Hauptfigur in Dürrenmatts Drama *Der Besuch der alten Dame*.

3.7 Interpretationsansätze

haltsamen, aber auch klamaukhaften Pointen. Das beginnt schon
mit dem Hinweis Dürrenmatts darauf, dass einer „Handlung, die
unter Verrückten spielt" nur die „klassische Form" beikomme
(S. 12). Das setzt sich fort in der Maskerade Newtons, der im „Kostüm des beginnenden achtzehnten Jahrhunderts mit Perücke" auftritt (S. 18). Und das findet seine Fortsetzung in den Dialogen zwischen Newton und Inspektor Voß und Mathilde von Zahnd und
dem Inspektor. Das wird deutlich an den Krankenschwestern, die
verrückt genug sind, sich in ihre kranken Patienten zu verlieben,
und wird in der Rose-Szene zum grotesk-komischen Spiel über die
Frage, wie viel Verrücktheit im Normalen steckt.

Diese dialogischen und szenischen Kabinettstückchen haben
Dürrenmatt von einigen Kritikern sogar den Vorwurf eingebracht,
hier „gebe sich ein gescheiterter Kabarettist als Dramatiker aus"[37].
Dabei steuert das Stück natürlich konsequent auf die Schlussvolte
zu, auf die „schlimmstmögliche Wendung" (Punkt 3 der „21 Punkte zu den *Physikern*"). Hier stellt sich ja nicht nur heraus, dass die
drei vermeintlich Irren alle bei gesundem Verstand sind und ihr
Irresein ein Rollenspiel ist, sondern dass die Ärztin verrückt ist.
Dürrenmatt spielt hier mit den Begriffen „normal" und „verrückt"
und unserem Verständnis davon. Mathilde von Zahnd mag verrückt sein – nimmt man ihre Ausführungen über das Erscheinen
des Königs Salomo für bare Münze. Ihre Verrücktheit hat sie allerdings nicht daran gehindert, gezielt, planmäßig und äußerst geschickt vorzugehen. Sieht man einmal davon ab, dass sie die Physiker gegen ihren Willen einsperrt und dass sie die Krankenschwestern zu Instrumenten ihrer Pläne gemacht hat, handelt sie
den Erfordernissen und der Ideologie des kapitalistisch-expansi-
ven Wirtschaftens gemäß. Der Wahnsinn Mathilde von Zahnds hat

Relativierung
des Normalen

---

37 Plett, S. 59.

3.7   Interpretationsansätze

Reflex auf normalen Wahnsinn der Welt

ja nicht nur Methode, sondern er reflektiert nichts anderes als den normalen Wahnsinn einer Welt, die es (zur Entstehungszeit des Stücks) bereits geschafft hat, militärische Mittel anzuhäufen, die sie in die Lage versetzt, sich selbst auszulöschen (Atombombe). Mathilde von Zahnd sieht die Wissenschaften, zumal die Naturwissenschaften und hier speziell die Physik, in einem industriell-militärischen Verwertungszusammenhang, mithin in einem gesellschaftlichen Kontext, der als „normal" gilt. Mathilde von Zahnd ist, so könnte man es durchaus sehen, lediglich erfolgreicher als Newton und Einstein, die sich gegenseitig neutralisieren und sich dann von Möbius zur Aufgabe ihrer Pläne bewegen lassen. Wer ist also wirklich verrückt in diesem Stück? Armin Arnold stellt folgende Überlegungen zu dieser Frage an:

Verrückte Ärztin?

„Ist die Ärztin, Dr. Mathilde von Zahnd, wirklich verrückt? Es kommt darauf an, wie sie ihr Verhältnis zu König Salomo formuliert: Meint sie es ernst, ist sie verrückt. Spricht sie ironisch und parodiert Möbius, dann ist sie so normal wie ihre Vorfahren – um des Geldes und der Macht willen bereit, die Welt zugrunde zu richten. Es ist natürlich ein Theatercoup, wenn sich zum Schluss herausstellt, dass die Verrückten normal und die Ärztin verrückt ist, aber die zweite Möglichkeit wäre raffinierter: Sie ist so verrückt wie alle Menschen; nur drei sind ‚normal', und diese befinden sich im Irrenhaus."[38]

--- --- ---

38   Armin Arnold, *Friedrich Dürrenmatt*, zitiert nach: Plett, S. 58.

3.7   Interpretationsansätze

Die „schlimmst-mögliche Wen-dung" – Mathilde von Zahnd entpuppt sich als Wahnsinnige, Schlossspark-theater Berlin, 1962 © ullstein bild – Croner, Harry

Möbius und Brechts Galilei

Möbius' Scheitern

Dürrenmatts Einfall, das Stück in einem Irrenhaus anzusiedeln und die „schlimmstmögliche Wendung" durch die Figur der Irren-ärztin, die selber irre ist, eintreten zu lassen, ist vielleicht der Tat-sache geschuldet, dass Dürrenmatt keine Lösung für die Proble-matik der Verantwortung der Wissenschaftler vorspiegeln will. Wie Brechts Galilei denkt Dürrenmatts Möbius über die Konsequenzen seines Wissens nach (wenn er auch zu einem anderen Ergebnis kommt); er teilt mit Galilei die Einsicht in die Gefährdung der Welt durch die Ausbeutung wissenschaftlicher Erkenntnisse. Er will kei-ner der „erfinderischen Zwerge" werden, vor denen Galilei (in der kalifornischen Fassung des Brecht-Dramas) warnt. Aber er sucht eine Lösung, nämlich den individuellen Ausstieg aus einer Welt, in der Aussteigen vielleicht gar nicht mehr möglich ist. Dürrenmatt

3.7 Interpretationsansätze

führt lediglich eine Negativ-Lösung vor. Er wirft eine Frage auf, ohne die Antwort gleich mitzuliefern. Man mag das bedauern – vorwerfen kann man es ihm wohl kaum. Möbius scheitert gemäß dem „18. Punkt zu den *Physikern*": „Jeder Versuch eines Einzelnen, für sich zu lösen, was alle angeht, muß scheitern." Das Scheitern der Hauptfigur spielt den Ball den Rezipienten zu, also uns Zuschauern und Lesern. „Was alle angeht, können nur alle lösen." („Punkt 17 zu den *Physikern*").

„Was alle angeht, können nur alle lösen"

„Mit den ‚Physikern' stellt Dürrenmatt (...) das ‚Satyrspiel' der ‚Tragödie' voran. Man meint es zunächst mit einer Kriminalgroteske unter Irren zu tun zu haben. (...) Im zweiten Teil schlägt das täuschende Maskenspiel mit seinen fröhlich umhergestreuten Theaterleichen um in todernsten Witz. Der Denkspieler Dürrenmatt liebt es, die dramatische Peripetie als ein intellektuelles Paradox scharf herauszuarbeiten und Wahrheit so erscheinen zu lassen, dass man das Gefühl hat, an einem Abgrund zu stehen."[39]

Die schlimmstmögliche Wendung

Am Ende von *Die Physiker* hat die Geschichte ihre schlimmstmögliche Wendung genommen, denn die einzig wirklich Irre, Frau Dr. Mathilde von Zahnd, hat mit Möbius' Aufzeichnungen die theoretischen Voraussetzungen für ihre Weltherrschaftspläne in der Hand. Der Plan Möbius' zur Rettung der Welt ist nicht nur gescheitert, sondern hat sich in sein Gegenteil verkehrt.

---

[39] Mennemeier, S. 185 f. Mennemeier greift hier eine Formulierung Dürrenmatts aus dem einleitenden Nebentext zu *Die Physiker* auf, in dem es u.a. heißt: „Zur Ausstattung einer Bühne, auf der, im Gegensatz zu den Alten, das Satyrspiel der Komödie vorausgeht, gehört wenig." (S. 14) Dürrenmatt spielt auf die Aufführungspraxis in Griechenland im 5. Jahrhundert vor Christus an. Zu den Dionysien, den Feiern zu Ehren des Gottes Dionysos, fertigten jeweils drei auserwählte Dichter eine aus drei Tragödien bestehende Trilogie sowie ein Satyr-Spiel an. Satyrn sind Fruchtbarkeitsdämonen im Gefolge des Dionysos; Satyrspiele waren die heiter-schwankhaften Nachspiele zu den Trilogien. Man könnte Dürrenmatt aber auch so verstehen, dass auf die Komödie (auf der Bühne) die Tragödie im Leben (der Untergang der Menschheit) folgt, wenn keine Lösung für die in der Komödie gezeigten Probleme gefunden werden.

3.7 Interpretationsansätze

Das Stück bietet zunächst keine Perspektive an. Dennoch darf es nicht als resignativer Abgesang auf Veränderung verstanden werden, als verzweifelter Ausdruck der Ratlosigkeit. Dürrenmatt hat das Stück als Komödie angelegt, weil er in dieser Form eine mögliche Antwort (die einzig angemessene) auf die Probleme der Gegenwart gesehen hat. Bereits in den *Theaterproblemen* hatte Dürrenmatt zur Gattung Komödie ausgeführt:

Zur Gattung Komödie

> „Nun liegt der Schluß nahe, die Komödie sei der Ausdruck der Verzweiflung, doch ist dieser Schluß nicht zwingend. Gewiss, wer das Sinnlose, das Hoffnungslose dieser Welt sieht, kann verzweifeln, doch ist diese Verzweiflung nicht eine Folge dieser Welt, sondern eine Antwort, die er auf diese Welt gibt, und eine andere Antwort wäre sein Nichtverzweifeln, sein Entschluß etwa, die Welt zu bestehen (...). Auch der nimmt Distanz, auch der tritt einen Schritt zurück, der seinen Gegner einschätzen will, der sich bereitmacht, mit ihm zu kämpfen oder ihm zu entgehen. Es ist immer noch möglich, den mutigen Menschen zu zeigen. Dies ist denn auch eines meiner Hauptanliegen.“[40]

In obigem Sinne ist Möbius, der Scheiternde, ein mutiger Mensch, der eine Antwort auf die Probleme der Welt zu geben versucht. Dürrenmatt liefert in den Thesen 16–18 zu *Die Physiker* aber zugleich auch eine Begründung für das Scheitern Möbius', wenn er schreibt:

> „16 Der Inhalt der Physik geht die Physiker an, die Auswirkung alle Menschen.
> 17 Was alle angeht, können nur alle lösen.
> 18 Jeder Versuch eines einzelnen, für sich zu lösen, was alle angeht, muss scheitern.“ (S. 92 f.)

───

40 Dürrenmatt, *Theaterprobleme*, S. 60.

3.7 Interpretationsansätze

Keine eindeutigen Antworten

Dürrenmatt hütet sich auf der Ebene des Stücks davor, dem Zuschauer wohlfeile Antworten auf die gezeigten Probleme mundgerecht zu servieren. Vielmehr konfrontiert er das Publikum mit Paradoxien („Verrückt, aber weise, gefangen, aber frei, Physiker, aber unschuldig", lässt er z. B. seine Protagonisten kurz vor ihrem Scheitern sagen, vgl. S. 77), weil ihm das Paradoxe als die angemessene Gestalt für eine groteske Welt erscheint.[41]

Gäbe Dürrenmatt eindeutige Antworten, so machte er einen Versuch, der ebenso zum Scheitern verurteilt wäre wie der seiner Figur Möbius. Vielmehr spielt Dürrenmatt dem Publikum den Ball zu. Dies führt er in den Thesen 19–21 zu *Die Physiker* aus:

„19 Im Paradoxen erscheint die Wirklichkeit.

20 Wer dem Paradoxen gegenübersteht, setzt sich der Wirklichkeit aus.

21 Die Dramatik kann den Zuschauer überlisten, sich der Wirklichkeit auszusetzen, aber nicht zwingen, ihr standzuhalten oder sie gar zu bewältigen." (S. 93)

Dürrenmatts Komödie soll, so der Anspruch des Autors, über ihren eigenen Rahmen hinausführen. Was im Stück nicht als (Schein-)Lösung vorgeführt wird, ist außerhalb des Theaters zu lösen. Ob das Publikum diesen Lösungsversuch wagt, bleibt ihm selbst überlassen.

---

41 „Unsere Welt hat ebenso zur Groteske geführt wie zur Atombombe (...) Doch das Groteske ist nur ein sinnlicher Ausdruck, ein sinnliches Paradox, die Gestalt nämlich einer Ungestalt, das Gesicht einer gesichtslosen Welt, und genauso wie unser Denken ohne den Begriff des Paradoxen nicht mehr auszukommen scheint, so auch die Kunst, unsere Welt, die nur noch ist, weil die Atombombe existiert: aus Furcht vor ihr." (ebd., S. 59)

4. REZEPTIONSGESCHICHTE

ZUSAMMEN-
FASSUNG

→ Die Uraufführung von Dürrenmatts Drama fand am
   20. 2. 1962 im Schauspielhaus Zürich statt.
→ Dürrenmatts Drama *Die Physiker* wurde neben *Der Besuch der alten Dame* zum erfolgreichsten Bühnenwerk
   des Schweizer Autors.
→ Positive Reaktionen in Westeuropa, Ablehnung in USA
   und Sowjetunion
→ Heute wird das Stück nur noch selten gespielt.

Als Dürrenmatts *Die Physiker* am 21. Februar 1962 in Zürich auf
die Bühne kam (Uraufführung), lag der Theatererfolg, den er mit
Der Besuch der alten Dame erzielt hatte (Uraufführung 1956), schon
sechs Jahre zurück. Das im Jahre 1959 am Schauspielhaus Zürich
uraufgeführten Stück *Frank der Fünfte*, die „Oper einer Privat-
bank", zu der Paul Burkhard die Musik geschrieben hatte, war
eher mäßig bis negativ aufgenommen worden. Mit *Die Physiker*
sollte Dürrenmatt nun aber der zweite große Wurf gelingen, denn
neben *Der Besuch der alten Dame* gehört es zu den bekanntesten
und am häufigsten gespielten Werken des Schweizers.

Eines der bekann-
testen und meist-
gespielten Stücke
Dürrenmatts

Über die Uraufführung hieß es in der „Neue Zürcher Zeitung"
vom 23. 2. 1962 u. a.:

„Eine Folge von Szenen spielt sich vor uns ab, in denen Dämo-
nisches und Groteskes, kühle Argumentation und skurrile Effek-
te, vordergründige Kreatürlichkeit und beängstigende Speku-
lationen in reichster Stufung wechseln und ineinandergreifen.

(...) Dürrenmatts Komödie *Die Physiker* wird im Theaterleben der Gegenwart Epoche machen."[42]

Diese Einschätzung über den Erfolg des Dramas sollte sich in kürzester Zeit bewahrheiten. In der Spielzeit 1962/63 kamen *Die Physiker* auf knapp 1600 Aufführungen an verschiedenen Theatern und lagen damit an der Spitze aller aufgeführten Schauspiele an deutschsprachigen Bühnen. Bereits 1963 wurde die Komödie in London inszeniert (Aldwych Theater) und 1964 in New York. Im Jahre 1964 wurde der Text für das Fernsehen bearbeitet und unter der Regie von Fritz Umgelter als Fernsehspiel inszeniert. Der Erfolg der Komödie hielt bis in die 1980er Jahre an, in denen *Die Physiker* noch mehrfach zu den meistgespielten Stücken auf deutschsprachigen Bühnen gehörten.

Ablehnung in USA und Sowjetunion

In Westeuropa wurden *Die Physiker* positiv bis begeistert aufgenommen, in den USA und den Ländern des (damaligen) Ostblocks herrschten Skepsis bis kühle Ablehnung vor.[43] Ein Grund für die eher negativen Reaktionen in den USA und im Osten mochte in der zugespitzten Weltlage liegen (Bau der Mauer 1961), in der Konfrontation zwischen den beiden Blöcken und ihren Spitzenmächten sowie der Widerspiegelung dieser Konfrontation in der Figurenkonstellation des Dramas, denn ohne dass die Namen USA oder Sowjetunion überhaupt fallen, ist Kilton (Beutler-Newton) als Agent der USA identifizierbar und Eisler (Ernesti-Einstein) als Parteigänger der KPdSU (Kommunistische Partei der Sowjetunion). Dieser Zeitbezug des Dramas, den die Rezipienten sehr wohl erkannt haben und der zum Erfolg von *Die Physiker* auf den Bühnen Westeuropas in den 1960er Jahren beitrug, ist aber, angesichts

---

42 Zitiert nach: Knapp, *Dürrenmatt*, S. 43.
43 Vgl. hierzu Kästler, S. 27.

völlig veränderter politischer Konstellationen, sicherlich auch ein Grund dafür (neben anderen, wie einer Veränderung des Publikumsgeschmacks), dass Dürrenmatts Komödie auf heutigen Bühnen eher selten zu sehen ist.

Heute nur noch selten gespielt

5. MATERIALIEN

Die folgenden Materialien sollen die bisher gegebenen Informationen ergänzen bzw. vertiefen und zur eigenständigen Erarbeitung des Dramas beitragen helfen.

Der Aufbau des Dramas

Über den Aufbau des Dramas und den I. und II. Akt schreibt Gerhard P. Knapp:

Verkehrte Welt
des Irrenhauses

„Der erste Akt setzt ein mit der Untersuchung des zweiten Mordfalles. Dürrenmatt verlässt sich hier weitgehend auf banalen Wortwitz und einen unmittelbar aus der Disproportionalität der Situation ableitbaren komischen Effekt. Ohne dass der Zuschauer sich dessen explizit bewusst wird, lässt er sich in die topisch ,verkehrte' Welt des Irrenhauses, die den überforderten Inspektor Voß an die Grenzen seines Begriffsvermögens bringt, verstricken. In dieser Welt ist buchstäblich alles möglich, nur logisch-planvolles Handeln scheint ausgeschlossen. Der Spielbeginn schürzt derart außerordentlich geschickt den Knoten der weiteren Entwicklung, die allem Anschein nach in völligem Kontrast zur realen Welt steht, und belegt so von vornherein die Autonomie des freien Spiels auf der Bühne. (...) Im Gegensatz zur herkömmlichen Komödie beruht auch der Effekt des zweiten Akts – einmal abgesehen von der platten Situationskomik, die das ganze Stück durchzieht – auf dem Umstand, dass der Zuschauer nicht, das handelnde Personal selbst nur teilweise in die Zusammenhänge eingeweiht ist. (...) Eine Serie unvorhergesehener Wendungen führt von einer Enthüllung zur nächsten; dabei werden die Handelnden wie die Zuschauer von Fall zu Fall aufs Neue düpiert. Aus dem freien Spiel, der unverbindlichen Kriminalkomödie, wird jetzt unversehens eine düstere Gegenkonzeption zur Wirklichkeit, deren Verweischarakter dem Rezipienten nicht länger verborgen bleiben kann."[44]

Überlegungen zum Grotesken

Im Zusammenhang mit dem „Psalm Salomos" geht Oskar Keller Überlegungen zum Grotesken nach:

„In Dürrenmatts Komödien bedeutet das Groteske die Verfremdung der anscheinend wohl geordneten Kategorien unserer Welt. In dieser Entfremdung erscheint der Mensch und seine Realität in Disharmonie. Gestalt und Ausdruck als sinnlicher Ausdruck der Harmonie verlieren sich zur Gestaltlosigkeit und Desorientierung. Der Mensch, der Absolutes zu setzen oder zu erreichen versucht, rückt in dieser grotesken Beleuchtung in eine seltsam larvenhafte Erstarrung. Was als großartiges menschliches Unterfangen begann, offenbart sich in seiner Hinfälligkeit; der Versuch, die unbegrenzte Weite des Weltalls zu erobern, entlarvt die Begrenztheit. Dieser Mensch des hybriden Tuns wird eingeholt, scheitert an der Absolutheit seines Unternehmens. Die Konfrontation mit dem Tod, mit dem wahrhaft Absoluten für jedes menschliche Wesen, bedeutet nicht mehr Erlösung, Ruhe. (...) Die Selbstentfremdung von der ‚atmenden Erde' führt dann in letzter Konsequenz zur Sinnentleerung dieser Erde, ihres Reichtums und ihrer Schönheit (...)."[45]

Selbstentfremdung von der „atmenden" Erde

---

44 Knapp in: Arnold, S. 102 f.
45 Keller, S. 72 f.

Brechts *Galilei* und *Die Physiker*

Manfred Durzak setzt sich u. a. mit dem Unterschied zwischen Brechts *Galilei* und Dürrenmatts *Die Physiker* auseinander:

Geschichte in der
Henkersrolle

„Brecht konstruierte seinen Modellfall nach der Geschichte. Und die am Ende dialektisch postulierte These von der objektiven Weiterentwicklung der Physik wird in gewisser Weise durch die Geschichte abgestützt, da sich die Physik ja in der Tat seit Galilei ständig weiterentwickelt hat, wenn auch in einer verfänglich einseitigen Richtung. Dürrenmatts Modellfall ist nicht vergangenheitsorientiert, sondern auf die Zukunft gerichtet. Die Absicherung durch die Geschichte fehlt hier. Es sei denn, es handelt sich um eine zynische Absicherung, die als ersten Beweis für einen von der Nuklearphysik inszenierten Weltuntergang die Atombombe von Hiroshima auffasst. Jede optimistische Perspektive auf die Zukunft fehlt. Dürrenmatt sieht sich vielmehr mit einer Entwicklung konfrontiert, die ständig ins Sinnlose umzuschlagen droht. (...) Während Brecht am Konzept eines rational beeinflussbaren Geschichtsprozesses festhält, erweist sich der Geschichtsprozess für Dürrenmatt als irrational schlechthin, als sinnlos. Der Mensch ist der Geschichte als Opfer überantwortet. Die Geschichte übernimmt die Henkersrolle dem Einzelnen gegenüber: Sie liquidiert ihn aus unerfindlichen Gründen."[46]

---

46 Durzak, S. 117.

Kritik an Dürrenmatts Drama

Elisabeth Brock-Sulzer verteidigt Dürrenmatt und sein Drama gegen einige Kritiken:

„Angriffe auf das Stück sind vor allem von jenen erhoben worden, die verlangten, bewusst oder unbewusst, der Dichter sollte hier die Atomfrage lösen. Sie ist in der Tat nicht gelöst worden, weder utopisch noch real. Das war ja auch vernünftigerweise nicht zu erwarten. Könnte sie ein Dichter lösen, so wäre sie nicht die Gefahr, die sie ist. Dürrenmatt hat in den ‚21 Punkten zu den Physikern' denn auch mit aller Deutlichkeit sich gegen diese unangemessene Forderung abgesetzt. Da heißt es: ‚Der Inhalt der Physik geht die Physiker an, die Auswirkung alle Menschen.' Und weiter: ‚Was alle angeht, können nur alle lösen.' Und endlich: ‚Jeder Versuch eines Einzelnen für sich zu lösen, was alle angeht, muss scheitern.' Darin liegt eine gewisse Absage an den ‚tapferen Menschen', der die früheren Werke Dürrenmatts bestimmte: Hier, im Bereich der totalen Zerstörung der Welt durch technisch ausgewertete Wissenschaft, genügt der Einzelne nicht mehr. So sind denn *Die Physiker* ein todschwarzes Stück, durchaus hoffnungslos, ausweglos – obwohl darin nicht nur ein Tapferer, sondern gleich deren drei erscheinen. Aber man lacht viel in diesem todernsten Stück, viel, selbst wenn man die unangemessenen Lacher nicht mitzählt."[47]

Absagen an den „tapferen Menschen"

---

47 Brock-Sulzer,1986, S. 114 f.

6. PRÜFUNGSAUFGABEN MIT MUSTERLÖSUNGEN

Unter www.königserläuterungen.de/download finden Sie im Internet
zwei weitere Aufgaben mit Musterlösungen.

Die Zahl der Sternchen bezeichnet das Anforderungsniveau
der jeweiligen Aufgabe.

Aufgabe 1 *

**Zeige an geeigneten Beispielen, dass Dürrenmatt in *Die
Physiker* häufig das Mittel der Täuschung einsetzt!**

Mögliche Lösung in knapper Fassung:

VORAUSSETZUNG

In Dürrenmatts erzählerischem und dramatischem Werk sind wir
immer wieder damit konfrontiert, dass nichts so ist, wie es auf den
ersten Blick erscheint. Der erste Eindruck (von einer Figur oder
einer Situation), den Dürrenmatt uns vermittelt, erweist sich häufig
als Täuschung. Dies gilt auch für die Figuren selbst, die oftmals einer Täuschung unterliegen und, wenn sie die Täuschung als solche
erkannt haben, in eine Falle gelaufen sind. So muss etwa Alfredo
Traps (*Die Panne*) erkennen, dass die freundlichen alten Herren, die
ihm ein Nachtquartier gewähren, über ihn zu Gericht sitzen.
Tschanz (*Der Richter und sein Henker*) erkennt erst am Schluss, dass
er sich in Bärlach getäuscht und dieser ihn längst durchschaut und
zu seinem Werkzeug gemacht hat. Auch Alfred Ill (*Der Besuch der
alten Dame*) geht erst allmählich auf, dass er sich in Claire Zachanassian getäuscht hat. Solche Fallen, in die die Figuren und auch
wir laufen, stellt Dürrenmatt auch in seinem Drama *Die Physiker*
auf. Das soll an einigen Beispielen illustriert werden.

ZUR AUFGABE

→ Möbius wird im Nebentext als „vierzigjähriger, etwas unbeholfener Mensch" eingeführt, der „unsicher" ist (vgl. S. 35 f.). Das
mag auf sein Verhalten im Alltag zutreffen, erweist sich aber
insofern als falsch, als er konsequent und geplant handelt, um
sein Ziel zu verfolgen (dass und warum sein Plan am Ende
scheitert, ist eine andere Frage).

→ Newton und Einstein täuschen eine falsche Identität vor – wie
ja auch Möbius den Irren nur spielt. Im 2. Akt erweisen sich das
Auftreten und Verhalten aller drei Physiker als Maskerade.

→ Die im 1. Akt als fürsorgliche Ärztin erscheinende Mathilde von
Zahnd zeigt im 2. Akt ihr wahres Gesicht: Sie ist wahnsinnig
und machtbesessen und strebt die Weltherrschaft an. Ihre Phi-
lanthropie, die sie im Gespräch mit Inspektor Voß herausstreicht
(1. Akt), kaschiert einen tief sitzenden Menschenhass (2. Akt).

→ Das Sanatorium (1. Akt) ist ein Gefängnis (2. Akt).

→ Die angeblichen Pfleger (weiße Kleidung) sind Wärter (schwarze Uniformen).

→ Das als Kriminalspiel (Kriminalgroteske) einsetzende Drama
wird zum Problemdrama, das entscheidende Menschheitsfra-
gen aufwirft.

→ Dürrenmatt setzt Elemente der Komödie ein, führt die Handlung aber zur Katastrophe (Tragödie).

FAZIT

Wie auch in anderen Werken setzt Dürrenmatt im Drama *Die Physiker* das Element der Täuschung als Gestaltungsmittel ein; insofern lassen sich auf dieser Ebene Bezüge zum Gesamtwerk Dürrenmatts herstellen.

Das Element der Täuschung kann als Teil der kompositorischen
Strategie Dürrenmatts gesehen werden; durch die Täuschungsmanöver und ihre Aufdeckung ergeben sich Wendungen und Dyna-
misierungen in der dramatischen Handlung.

Durch die Elemente der Täuschung wird die Sicherheit über „wahr" und „falsch" in Frage gestellt und macht einer Verunsicherung Platz. In *Die Physiker* kann dies zum Beispiel auf unser Verständnis von „normal" und „verrückt" bezogen werden. Das, was zunächst als verrückt erscheint, erweist sich als von Vernunft gesteuert (der Entschluss der Physiker).

Aufgabe 2 *

> Charakterisiere Inspektor Voß!

Mögliche Lösung in knapper Fassung:

VORAUSSETZUNG

Mit Kommissar Bärlach (*Der Richter und sein Henker*, *Der Verdacht)* und Kommissar Matthäi (*Das Versprechen*) hat Dürrenmatt bereits zwei „Detektivfiguren" erschaffen, als Inspektor Voß die Bühne betritt. Von seinen zwei Vorgängern unterscheidet sich Voß allerdings deutlich. Bärlach und Matthäi sind scharfsinnige Kriminalisten, die in klassischer Weise Indizien zusammentragen, Motive erforschen und sich als geschickte Polizeitaktiker erweisen, die Verbrechen aufklären (wobei Matthäis gut durchdachter Plan, um den Mörder zu fassen, durch einen Zufall durchkreuzt wird). Beide Kommissare laden, wenn auch auf unterschiedliche Weise, Schuld auf sich. Beide erkranken: Bärlach hat Krebs, Matthäi stumpft ab, wird zum Alkoholiker und verkommt. Vor allem aber sind beide die jeweiligen Mittelpunktfiguren, deren Charakter ausgestaltet wird. Gemessen an ihnen ist Voß eher ein „Leichtgewicht" und als Parodie auf einen Kommissar angelegt.

ZUR AUFGABE

Von Beginn an ist Voß damit konfrontiert, dass der Fall überschaubar und leicht zu lösen ist. Der Täter steht fest, die Täterschaft ist unstrittig, der Tathergang ist leicht zu rekonstruieren.

Allein: Er kann die Täter nicht festnehmen, sieht er sich doch mit „Irren" konfrontiert, die er nicht der Justiz zuführen kann.

Im Auftreten und Verhalten erweist er sich als unsicher (1. Akt). Zwar gibt er seinen Mitarbeitern Anweisungen und tritt ihnen gegenüber als Vorgesetzter auf, im Umgang mit den Tätern und Mathilde von Zahnd erweist er sich jedoch nicht als durchsetzungsfähig. Obwohl also der Fall eigentlich leicht zu lösen ist, ist er überfordert; dies macht Dürrenmatt vor allem durch Hinweise im Nebentext deutlich: Mehrfach wischt Voß sich den Schweiß ab, seine Verhaltensweisen wechseln zwischen aggressivem Brüllen und dumpfer Resignation (vgl. S. 19), er ist „verwirrt" (S. 21).

Vollends ins Parodistische ist er gezeichnet, wenn er sich von Newton (einem Mörder) in eine Plauderei verstricken lässt, das von Newton angebotene Du annimmt und sich von ihm auf die Schulter klopfen lässt (vgl. S. 21–23).

Kommunikativ ist er überfordert, wenn er in Diskussionen verstrickt wird, die über einfache kriminalistische Fragen hinausgehen. Geradezu dankbar greift er in seiner Naivität die Erklärungen Mathilde von Zahnds für die Taten der Mörder auf (Veränderung der Gehirne durch Radioaktivität, vgl. S. 28). Wo kriminalistisches Nachfragen angezeigt wäre, lässt er sich mit einfachen Erklärungen abspeisen.

Zu Beginn des 2. Aktes (nach dem Mord von Möbius an Schwester Monika, mit dem der 1. Akt endet), betritt er bereits „müde" den Handlungsort (S. 55) und unternimmt von vornherein nicht einmal mehr den ernsthaften Versuch, ein Verbrechen aufzuklären. Die Mörder sind ihm zu „liebe(n) Kranke(n)" geworden, die er „mit gutem Gewissen nicht zu verhaften" braucht (S. 60). Seine, gemessen am Auftreten im 1. Akt, erkennbar gelöstere Stimmung resultiert aus Resignation, weil er davon ausgeht, dass die Gerechtigkeit Ferien macht (vgl. S. 60).

FAZIT

Voß ist als Charakter nicht ausgestaltet, sondern eher als grobe Skizze angelegt. Er verkörpert die Parodie eines klassischen Kommissars und ist Teil des komödiantischen Inventars des Dramas. Als Verkörperung einer staatlichen Institution ist er eine Karikatur; hinsichtlich seines Auftrags, Rechtssicherheit herzustellen, resigniert er. Sieht man ihn als Repräsentanten der staatlichen Ordnung, so symbolisiert er deren Auflösung.

Aufgabe 3 **

Gehen Sie der Frage nach, inwieweit Möbius in Schuld verstrickt ist!

Mögliche Lösung in knapper Fassung:

VORAUSSETZUNG

Dürrenmatt konfrontiert uns immer wieder mit Figuren, die in Schuld verstrickt sind, obwohl (oder weil) sie das Gute erreichen wollen. Kommissar Bärlach (*Der Richter und sein Henker*) hat sich durch seine Wette mit Gastmann dauerhaft mit seinem Gegenspieler schuldhaft verbunden (die Wette mit Gastmann führt zu dessen 1. Mord, den Bärlach nicht aufklären kann). Um Gastmann endlich der Bestrafung zuzuführen und ihm das Handwerk zu legen, überschreitet Bärlach die Grenze der Rechtsstaatlichkeit und lässt ihn durch Tschanz, den er instrumentalisiert, töten – für ein Verbrechen, das Gastmann nicht begangen hat. Er löst also die Schuld aus der Vergangenheit durch neuerliche Schuld in der Gegenwart ab. Matthäi (*Das Versprechen*) fühlt sich an das Versprechen, das er den Eltern eines ermordeten Mädchens gegenüber gegeben hat, nämlich den Mörder zu fangen, so stark gebunden, dass seine Jagd zur Besessenheit wird und er nicht davor zurückschreckt, ein Kind als Lockvogel zu missbrauchen und somit großer Gefahr aus-

zusetzen, um den Mörder zu fangen. Auch Möbius kann, in mehr-
facher Hinsicht, als in Schuld verstrickt gelten.

ZUR AUFGABE

Möbius folgt einem moralischen Ziel. Das Wissen um die Zer-
störungskraft seiner Ideen und Erfindungen lässt ihn zu dem Entschluss kommen, sich von der Welt fern zu halten, um aus Verantwortung für die Menschheit das Leben eines Irren zu führen.
Dieser Entschluss hat Konsequenzen, die zu unmoralischem Handeln führen.

→ Die Schuld gegenüber seiner Familie

Möbius lernt seine (ehemalige) Frau Lina als 15-jähriger Gymnasiast kennen und bewohnt eine Mansarde im Hause ihres
Vaters. Gegen den Willen der Eltern Linas heiratet er Lina an
seinem zwanzigsten Geburtstag. Da Möbius arm ist, finanziert
ihm seine Frau Schule und Studium. Vier Jahre nach der Hochzeit kommt der erste Sohn zur Welt (Adolf-Friedrich). Als für
Möbius eine Professur in Aussicht steht und damit zugleich die
Aussicht auf Anerkennung und ein Einkommen, von dem er
seine Familie ernähren kann, „erkrankt" er – anders gesagt, er
täuscht (auch) gegenüber seiner Familie seinen Wahnsinn vor.
Er verlässt seine Familie, geht ins Sanatorium und nötigt seine Frau auf diese Weise, Unsummen für seine Unterbringung
aufzubringen (was Lina dazu zwingt, einer Arbeit nachzugehen
und große Teile ihres Lohns für ihn aufzuwenden). Möbius beschreibt sein Verhalten so: „Ich ließ meine akademische Karriere fahren, die Industrie fallen und überließ meine Familie ihrem
Schicksal. Ich wählte die Narrenkappe." (S. 73) Möbius recht-
fertigt sein Verhalten mit seiner Verantwortung für die Welt.

In Bezug auf seine Frau und seine Familie hat Möbius (moralische) Schuld auf sich geladen. Er vertraut sich seiner Ehefrau
nicht an, behält seinen Plan für sich, ist seinen Kindern prak-
tisch kein Vater, lässt Lina für die Bezahlung des Aufenthalts im

Sanatorium arbeiten und zeigt gegenüber seiner Familie insgesamt keine Verantwortung und kein Interesse. Beim endgültigen Abschied von seiner Familie (die als Karikatur angelegt ist) findet er kaum Worte der Zuneigung oder Dankbarkeit, sondern verspottet und verjagt sie im Zuge seines grotesken Auftretens. Er versagt hier als Mensch.

→ Die Schuld gegenüber Schwester Monika

Die Schuld gegenüber Schwester Monika ist eine doppelte. Wie gegenüber seiner Familie macht sich Möbius hier moralisch schuldig, denn immerhin spricht er gegenüber Schwester Monika von seiner Liebe zu ihr („Und darum sind Sie in Gefahr. Weil wir uns lieben.", S. 47). Ob es sich von Seiten Möbius' tatsächlich um Liebe oder ob es sich um floskelhafte Äußerungen handelt, wenn er von Liebe spricht, kann nicht definitiv beantwortet werden, doch mögen Zweifel angebracht sein, ob Möbius hier wirklich von einer tiefen Zuneigung zu Monika spricht. Auch gegenüber seiner ehemaligen Frau und seinen Söhnen war er wohl nicht zu wirklichen Gefühlen in der Lage. Zumindest spricht er nicht offen und ehrlich mit Monika, die seine Warnungen und Andeutungen deshalb auch nicht verstehen kann („Und darum sind Sie in Gefahr.").

Wenn er in Monika ein notwendiges Opfer sieht („Ich mußte dich opfern.", S. 77), fällt er, zumindest begrifflich, in archaische Zeiten des Menschenopfers zurück und gibt einer Mordtat eine nahezu kultisch-religiöse Bedeutung, zugleich zeigt sich auch eine gewisse Hybris, die in dem angemaßten Recht besteht, einen anderen Menschen für die eigenen Zwecke zu töten.

Gegenüber Monika wird er aber auch im (straf-)rechtlichen Sinne schuldig, denn er wird zu ihrem Mörder (der Grund für die Ermordung Monikas liegt in deren Absicht, mit Möbius das

Sanatorium zu verlassen, und in ihrer Aufforderung, weiter an
seinen Entdeckungen zu arbeiten; sie durchkreuzt somit seine
Pläne). Auch in Monikas Fall ist die Verantwortung für die Welt
wieder der Kern seiner Rechtfertigung gegenüber Newton und
Einstein: „Wer tötet, ist ein Mörder, und wir haben getötet. (…)
Ich habe getötet, damit nicht ein noch schrecklicheres Morden
anhebe." (S. 75) Zugespitzt könnte man sagen, Möbius stellt
mit seiner Rechtfertigung die (jüdische) Weisheit „Wer ein
Menschenleben rettet, rettet die ganze Welt" auf den Kopf.

FAZIT

Möbius ist gegenüber seiner Familie (moralisch) und Schwester
Monika (moralisch und strafrechtlich) in Schuld verstrickt. Diese
Verstrickung in Schuld resultiert aus einem moralischen Dilemma,
in dem Möbius sich befindet. Dieses Dilemma besteht darin, dass
er, um die Welt zu retten, Einzelnen gegenüber unmoralisch handelt. Er wird, gleich Newton und Einstein, zum Mörder für einen
„höheren Zweck". Töten die beiden Agenten im Interesse ihres
jeweiligen Systems, tötet Möbius für seinen Plan, die Welt zu retten. Insofern steht er auf einer Stufe mit den beiden Agenten. Dürrenmatt macht dies auf relativ simple Art und Weise deutlich. Alle
drei Physiker töten jeweils „ihre" Krankenschwester, alle drei tun
dies auf ähnliche Art und Weise. (Lampenschnur, Vorhangkordel,
Vorhang als Mordwerkzeug, beträchtlicher Kraftaufwand). Dies
mag man als Teil der Komödienelemente des Dramas sehen; entscheidend ist aber, dass das Dilemma, in dem sich Möbius befindet, im Drama keine Auflösung erfährt. Vom Ende her gesehen,
also vom Scheitern der Pläne Möbius´ her betrachtet, ist Möbius´
Verhalten nicht nur unmoralisch, sondern sinnlos. Möbius handelt
mit guter Absicht, aber er lädt Schuld auf sich.

Aufgabe 4 ***

Vergleichen Sie Newton und Einstein unter besonderer
Berücksichtigung der Entstehungszeit des Dramas *Die
Physiker*!

Mögliche Lösung in knapper Fassung:

VORAUSSETZUNG

Als Dürrenmatts Drama 1962 auf die Bühne kommt, ist die Welt
politisch, ökonomisch und militärisch in zwei Lager gespalten. Auf
der einen Seite befindet sich das westlich-kapitalistische Lager, zu
dem auch die Bundesrepublik Deutschland sowie die beiden Atom-
mächte Frankreich und England gehören und an dessen Spitze die
Supermacht USA steht. Diese Seite der Welt ist über politische und
militärische Bündnisse (NATO=Nordatlantik-Pakt) miteinander
verknüpft. Auf der anderen Seite steht das Bündnis der sogen.
„real-sozialistischen" Staaten, der „Ostblock", mit der atomaren
Supermacht Sowjetunion als Führungsmacht des „Warschauer
Pakts". Zu diesem Bündnissystem gehört die (damals noch existie-
rende) DDR (Deutsche Demokratische Republik). Das westliche
Bündnis beruht auf den demokratischen Prinzipien des Parlamen-
tarismus, der Freiheit (des Einzelnen), der Ökonomie der (freien)
Marktwirtschaft und des Privateigentums sowie allgemein aner-
kannten Grund- und Menschenrechten. Das östliche Bündnis ist
durch die Ideen des Sozialismus gekennzeichnet, die sich in der
führenden Rolle der jeweiligen kommunistischen Parteien in den
einzelnen Staaten sowie dem Kollektivismus und der Planwirt-
schaft ausdrücken. Die politische, ökonomische und militärische
Grenzlinie zwischen diesen beiden Systemen oder Blöcken, die
sich im „Kalten Krieg" befinden, verläuft mitten durch Deutschland. Beide Lager versuchen auf der gesamten Welt, z. B. in La-
teinamerika oder Asien, ihren Einflussbereich abzusichern bzw.

auszuweiten. Auch in der Weltraumfahrt (Erreichung des Mondes) liefern sich beide Seiten einen Konkurrenzkampf. Vor allem aber verfügen beide Systeme über ein gewaltiges Potenzial an atomaren Waffen, das in seiner Schlagraft ausreichen würde, die Erde und die Menschheit gleich mehrfach völlig zu vernichten. In diesen gesellschaftlich-politischen Kontext stellt Dürrenmatt die Figuren seines Dramas.

ZUR AUFGABE

Newton, der als Patient Herbert Georg Beutler das Zimmer Nr. 3 bewohnt, in Wirklichkeit aber der Agent und Physiker Alec Jasper Kilton ist, kann als Vertreter einer westlichen Macht gesehen werden (ohne dass ein bestimmter Staat genannt werden müsste). In seiner Auseinandersetzung mit Möbius betont er die „Freiheit der Wissenschaft", ohne jedoch ihre Verantwortung ins Blickfeld zu nehmen (vgl. S. 70). Seine Einstellung zu Erfindungen und ihren Folgen ist rein pragmatischer Natur; das, was erforscht werden kann, soll erforscht werden. Eine, wie auch immer grundierte, weltanschaulich-moralisch-ethische Haltung interessiert ihn (zunächst) nicht. Ihm geht es lediglich um den Nutzen, den Erfindungen, wissenschaftliche Forschungen und Entdeckungen haben (können). Alles ordnet er letztlich einem nicht definierten Fortschritt unter, der nichts und niemandem verpflichtet ist. Seine pragmatische Denkweise findet ihren Ausdruck in dem an Möbius gerichteten Satz: „Kommen Sie mit mir, in einem Jahr stecken wir Sie in einen Frack, transportieren Sie nach Stockholm, und Sie erhalten den Nobelpreis." (S. 68) Er verdinglicht Möbius unter Nutzengesichtspunkten (in einen Frack stecken, transportieren). Moralische Skrupel kennt er nicht (Mord an Schwester Dorothea, Bedrohung von Möbius).

Einstein bewohnt das Zimmer Nr. 2. Er gibt sich als Ernst-Heinrich Ernesti aus, ist aber in Wahrheit der Geheimagent und Physiker Joseph Eisler. Im Gegensatz zu Newton spricht er der Wissenschaft nicht die Verantwortung ab, delegiert diese allerdings an eine Partei und das politische System, dem er sich verpflichtet fühlt. Er kann somit als Vertreter des östlichen Systems gesehen werden, da er die „führende Rolle" der Partei betont. Newton stellt das System über die Freiheit des Einzelnen und stellt seine Forschungen in den Dienst dieses Systems. Möbius stellt ihm die Frage: „Können Sie die Partei im Sinne Ihrer Verantwortung lenken, oder laufen Sie Gefahr, von der Partei gelenkt zu werden?" Seine Antwort lautet: „Ich kann natürlich nur hoffen, die Partei befolge meine Ratschläge, mehr nicht." (S. 73) Auch er handelt ohne moralische Skrupel (Tötung der Krankenschwester, Bedrohung von Möbius).

FAZIT

Dürrenmatt greift in seinem Drama keine konkreten tagespolitischen Ereignisse auf, setzt aber die „Systemfrage", die Konkurrenz von zwei unterschiedlichen politischen und ökonomischen Systemen als Folie voraus (und die Zeitgenossen Dürrenmatts dürften diese Folie unschwer erkannt haben). Mit Einstein und Newton gestaltet er zwei Rollenträger dieser konkurrierenden Systeme, die er als solche mit wenigen Stichworten markiert: Pragmatismus auf der einen Seite und Delegation der Verantwortung an eine Partei auf der anderen Seite. Diesen Haltungen, die durch Newton und Einstein verkörpert werden, stellt er mit Möbius eine Figur gegenüber, die die individuelle Verantwortung betont und beide anderen Haltungen ablehnt. Die Figuren Newton und Einstein sind insofern zeitgebunden, als das eine System (der „Ostblock") in dieser Form nicht mehr existiert (Auflösung der Sowjetunion, Zerfall des östlichen Bündnisses, Mitgliedschaft einzelner zum damaligen „Ostblock" gehörender Staaten in der Europäischen Union und der NATO). Dennoch sind die zwischen Newton, Einstein und Möbius diskutierten Fragen immer noch aktuell, da es im Kern um den Zusammenhang von Fortschritt und individueller Verantwortung geht (heute z. B. in Fragen der Gentechnik).

LITERATUR

Zitierte Ausgabe:
Friedrich Dürrenmatt: *Die Physiker. Eine Komödie in zwei Akten. Neufassung 1980.* Zürich: Diogenes, 1998 (detebe 23047; Werkausgabe in 37 Bänden, Bd. 7) → Nach dieser Ausgabe wird zitiert.

Weitere Primärliteratur:
Dürrenmatt, Friedrich: *Der Besuch der alten Dame. Tragische Komödie.* (Neufassung 1980) Zürich: Diogenes Verlag, 1998 (detebe Bd. 23045).

Dürrenmatt, Friedrich: *Der Verdacht. Kriminalroman.* Zürich: Diogenes Verlag, 1985 (detebe Bd. 21436).

Dürrenmatt, Friedrich: *Die Panne. Erzählung.* Zürich: Arche Verlag, 1956.

Dürrenmatt, Friedrich: *Die Physiker. Komödie. (Neufassung 1980)* Zürich: Diogenes Verlag, 1985 (detebe Bd. 20837).

Dürrenmatt, Friedrich: *Romulus der Große. Eine ungeschichtliche historische Komödie.* (Neufassung 1980) Zürich: Diogenes Verlag, 1985 (detebe Bd. 20832).

Dürrenmatt, Friedrich: *Theaterprobleme.* In: Ders.: Gesammelte Werke, Bd. 7: Essays und Gedichte. Zürich: Diogenes, 1977, S. 28–69.

Sekundärliteratur (Auswahl)
Badertscher, Hans: *Dramaturgie als Funktion der Ontologie. Eine Untersuchung zu Wesen und Entwicklung der Dramaturgie Friedrich Dürrenmatts.* Bern und Stuttgart: Haupt Verlag, 1979 (Reihe Sprache und Dichtung, Bd. 27).

Brock-Sulzer, Elisabeth: *Friedrich Dürrenmatt. Stationen seines Werkes.* Zürich: Diogenes, 1986. → Der Band der Dürrenmatt-Expertin gibt einen Überblick über das Schaffen Dürrenmatts und führt in die einzelnen Werke ein.

Brock-Sulzer, Elisabeth: *Dürrenmatt in unserer Zeit. Eine Werkinterpretation nach Selbstzeugnissen.* Basel: Reinhardt, 1971.

Durzak, Manfred: *Dürrenmatt – Frisch – Weiss. Deutsches Drama der Gegenwart zwischen Kritik und Utopie.* Stuttgart: Reclam, 1973 → Durzak stellt die Dramen Dürrenmatts nach Inhalt, Aufbau, Thema und Figurenkonstellation vor und spart dabei auch nicht mit kritischen Anmerkungen.

Geissler, Rolf (Hrsg.): *Brecht – Dürrenmatt – Frisch: Zur Interpretation des modernen Dramas.* Frankfurt a. Main: Diesterweg, 1978.

Kästler, Reinhard: *Erläuterungen zu Friedrich Dürrenmatt, Die Physiker.* Hollfeld: Bange, 1994.

Keller, Oskar: *Friedrich Dürrenmatt, Die Physiker.* München: Oldenbourg, 1988 (Oldenbourg Interpretationen. Bd. 9) → Der Band beschäftigt sich ausführlich mit dem Stoff und der Struktur der Komödie und bietet eine Interpretation an. Der Band ist, der Reihe entsprechend, ergänzt um Unterrichtsvorschläge sowie Themen für Aufgaben und Aufsätze.

Knapp, Gerhard P.: *Die Physiker.* In: Armin Arnold (Hrsg.): Interpretationen zu Friedrich Dürrenmatt. Literaturwissenschaft-Gesellschaftswissenschaft Bd. 60. Stuttgart: Klett, 1982, S. 97–109.

Knapp, Gerhard P.: *Friedrich Dürrenmatt.* Stuttgart: Metzler, 2. Aufl. 1993 (Sammlung Metzler Bd. 196) → Hier findet sich eine kompakte Einführung in ‚Die Physiker' sowie zum Gesamtwerk von Dürrenmatt.

Knopf, Jan: *Friedrich Dürrenmatt.* München: C. H. Beck, 4. Aufl. 1988 (Beck'sche Reihe Autorenbücher 611) → Auch Knopf biete eine kompakte Einführung in ‚Die Physiker' sowie zum Gesamtwerk von Dürrenmatt.

Krättli, Anton: *Friedrich Dürrenmatt.* In: Kritisches Lexikon zur deutschsprachigen Gegenwartsliteratur (KLG) Bd. 2. 37. Nachlieferung (NLG).

Mayer, Hans: *Brecht und Dürrenmatt oder Die Zurücknahme.* In: Manfred Brauneck (Hrsg.), Interpretationen: Das deutsche Drama vom Expressionismus bis zur Gegenwart. Bamberg: Buchner, 1977, S. 212–223.

Mennemeier, Franz Norbert: *Modernes deutsches Drama. Kritiken und Charakteristiken.* Bd. 2: 1933 bis zur Gegenwart. München: Fink, 1975.

Möller, Hans-Martin, *Friedrich Dürrenmatt, Die Physiker.* München: Mentor, 2000 (Mentor Lektüre – Durchblick Bd. 310)
→ Dem Profil der Reihe entsprechend, wird eine sehr verknappte Einführung in das Schaffen Dürrenmatts und die ‚Die Physiker' geboten.

Plett, C.: *Dokumente zu F. Dürrenmatt, Die Physiker.* Stuttgart: Klett Verlag, 1980.

Profitlich, Ulrich: *Friedrich Dürrenmatt. Komödienbegriff und Komödienstruktur – eine Einführung.* Stuttgart: Kohlhammer, 1973.

Schüler, Volker: *Dürrenmatt: Der Richter und sein Henker/Die Physiker – Dichterbiografie und Interpretation.* Hollfeld: Beyer, 2. Aufl. 1976 (Analysen und Reflexionen Bd. 13).

Verfilmung:
Die Physiker. BRD, 1964.
    Regie: Fritz Umgelter.
    Mit: Therese Giehse, Gustav Knuth, Kurt Ehrhardt, Wolfgang Kieling, Lilo Barth, Siegfried Lowitz, Rosemarie Fendel, Willy Semmelrogge.

STICHWORTVERZEICHNIS